I0821081

TU HUELLA EN MI VIDA

GABY PÉREZ ISLAS

TU HUELLA EN MI VIDA

Cómo transitar el duelo por la pérdida de un animal de compañía

DIANA

Fotografías de interiores: archivo de la autora
Diseño de maquetación: Guadalupe González
Formación: Liz Estrada
Diseño de portada: Planeta Arte & Diseño / Lisset Chavarria Jurado
Fotoarte creado a partir de imágenes de: © Getty Images
Fotografía de la autora: © Blanca Charolet
Fotografía en la página 206: © Ken Ross

Bajo el sello editorial DIANA M.R.
Avenida Presidente Masarik núm. 111,
Piso 2, Polanco V Sección, Miguel Hidalgo
C.P. 11560, Ciudad de México
www.planetadelibros.com.mx

Primera edición en formato epub: octubre de 2025
ISBN: 978-607-39-3410-7

Primera edición impresa en México: octubre de 2025
ISBN: 978-607-39-3144-1

Impreso en los talleres de Litográfica Ingramex, S.A. de C.V.
Centeno núm. 162-1, colonia Granjas Esmeralda, Ciudad de México
Impreso y hecho en México – *Printed and made in Mexico*

En amorosa memoria de:

ÍNDICE

Dedico este libro a mis perros, quienes me abrieron el corazón al amor de cuatro patas y que fueron mis maestros en el arte de soltar y comprender el amor incondicional: Cissy, la gruñoncita; Álaba, la inquieta; Guetti, la inteligente; y Lara, hermosa y amorosa. Me gustaría pensar que van a ser ellas las primeras en correr a darme la bienvenida cuando yo llegue al cielo.

También lo dedico a todos los animales, compañeros de vida de mis usuarios y que nos han enseñado tanto con su partida.

Si extrañarlos es el precio que debemos de pagar hoy por haberlos tenido, lo pagamos sin duda. Ellos lo valen.

Te entiendo. Antes que nada, necesito decirte que te entiendo; que sé lo fuerte que es el dolor de perder a un animal de compañía; que comprendo que lo vivas como si te hubieran amputado una parte del cuerpo, la parte más noble y amorosa.

Comprendo tu enojo, la culpa que sientes, el que lo vivas como una injusticia. He estado ahí, he llorado mucho por no sentir o escuchar a mi compañero en casa. He guardado recuerdos (tesoros) que nadie puede entender por qué conservo: la plaquita de su collar, su primer juguete, una pelota sucia.

Duelen las caricias que ya no podemos darles, la ausencia y el silencio. Jamás pensamos que habrían de doler los lugares en los que un ser estuvo e hizo suyos, los olores de los que alguna vez nos quejamos y hoy extrañamos, las cosas que le pertenecieron y hoy parecen haberse quedado tan desoladas como nosotros. Pareciera que, al perderlos, se va con ellos nuestro mejor tiempo, y que nada volverá a ser igual.

No es posible pensar en querer a otro amigo como hemos querido a este. Los paseos eran mejores a su lado, lo cotidiano en casa era mejor a su lado, la vida misma era mejor a su lado.

El tema no es que los amemos demasiado; amar está bien, que nadie te diga que estás mal por amar y duelar. El asunto es la ausencia. Regresar a casa y no verlo, ni escuchar sus patitas corriendo a tu encuentro; ver sus platitos y comer sin él bajo tu mesa. Tal vez la casa es la misma, pero todo se siente extraño.

Me atrevo a tocar tu dolor porque lo he sentido y también he salido poco a poco de esa tristeza. Conozco el camino del duelo, y no te hablo desde la teoría: lo he recorrido, y por eso quiero acompañarte en el tuyo con respeto y empatía.

Introducción

Te felicito por tener este libro en tus manos. Significa que has decidido trabajar en tu duelo, prepararte para una eventual pérdida o tratar de comprender el duelo por el que transita alguien a quien realmente aprecias. ¿Ese alguien perdió a su mascota y te está costando trabajo entender la profundidad de ese vínculo y de su dolor? No es fácil abrirnos a las reacciones de dolor de los demás; sin embargo, eso es lo que logra la verdadera conexión con ellos.

También puede ser que hayas comenzado esta lectura, porque, de una vez por todas, estás listo para superar el miedo a perder y decidiste abrir el corazón al amor perruno, gatuno o de cualquier otra especie. Sin duda, nuestros animales son la familia escogida y muy buenos amigos, aunque duela entender que su vida sea más corta que la nuestra. Son como una versión concentrada de una vida humana. Sabemos que van a morir y aun así los elegimos, lo cual hace todavía más válido nuestro amor por ellos. Como decía Ram Dass: «Hazte amigo del cambio; la muerte es un cambio».

Cada vez, con mayor frecuencia, recibo en mi consultorio a usuarios que vienen con el corazón roto por la muerte de su mascota, o por tener que tomar la difícil decisión de ponerla a dormir. Aunque cada caso es una historia de amor única, existe un común denominador en todos ellos: enfrentar la indiferencia de la sociedad, la dificultad de la familia para empatizar y respetar, y los comentarios hirientes que invalidan la magnitud de lo que se vive.

Cuando nuestros amigos de otra especie mueren, se acaba también la oportunidad de convivir más años con ellos y la posibilidad de tener nuevos recuerdos. Ante tanto dolor, muchos sostienen la creencia de que nunca volverán a sentir lo mismo por ninguna otra mascota.

Con este libro, por tanto, me propongo cuatro objetivos principales:

1. Validar tu dolor y ayudarte a que sea visto por los demás (y, con mucha suerte, comprendido).
2. Acompañarte en el proceso de duelo y compartirte las mejores prácticas que otros dolientes han realizado y que pueden ayudarte a ti también. Busco unir las manos de los que están recorriendo el rocoso camino de la pérdida y hacerlos sentir que no están solos en su pesar.
3. Honrar el paso de tu mascota por tu vida, para que logres recordarla con más amor que dolor y, así, vuelvas a sonreír.
4. Entender que los animales también viven un duelo.

Tu huella en mi vida es un libro para toda la familia. No hay una edad lectora recomendada, pero sí una apertura de corazón para no querer poner este dolor dentro de una escala de pérdidas, ni para comparar ni minimizar lo que te pasa, porque el peor dolor de todos es el que sientes tú. Es el tuyo, sin importar que otros atraviesan situaciones complicadísimas, o que haya hambruna y guerras en el mundo. Tu mundo entero es ese amor; por ende, es enorme el dolor de perder su presencia física y su maravillosa compañía.

Si el amor es real, el dolor es real.

La idea de este libro había estado rondando en mi cabeza por mucho tiempo. Escribí sobre el tema en mi primer libro, *Cómo curar un corazón roto,* donde me enfoqué más en el duelo de los niños y jóvenes por la pérdida de su mascota, ya que suele ser su primer enfrentamiento con la muerte. Puede que hayan visto animales muertos anteriormente, como pájaros o ratoncitos, pero no es lo mismo que cuando su propio animal muere. Tal vez lo que un niño necesita en ese momento no es terapia, sino una explicación sensible y respuestas honestas a las preguntas que inevitablemente formulará. Los abuelos y padres tendemos a pasar nuestros miedos a los hijos de forma inconsciente y, con el tiempo, los convertimos en adultos temerosos. Conviene recordar que no podemos proteger a los niños de todo lo que ocurre, pero cuando se saben queridos, es difícil que los daños de un acontecimiento doloroso sean permanentes. Los niños tienen una gran capacidad para olvidar y encontrar nuevos intereses, pero no abusemos de ello. Hay todavía una gran necesidad de incluir los temas de la vida y la muerte en la tira de materias escolares que se cursan desde la primaria, así como de capacitar a los docentes para impartirlas.

> Si buscamos maestros autónomos que sepan ser un ejemplo y punto de apoyo para el crecimiento del alumno/a que se encuentra en desarrollo, creo que es necesario y de gran importancia educar no solo sobre lo que compone la vida y las normas dentro de esta, sino también enseñar a vivir completamente incluyendo el tema de la muerte como un contenido global y ordinario del ciclo de la vida.
>
> **Lucía Bravo Robles**

Más adelante desarrollé mis *Duelarios,** que son cuadernos para trabajar las pérdidas y una excelente manera de canalizar el dolor por medio de una terapia narrativa de acompañamiento puntual. Existen siete títulos enfocados en duelar a

* El *Duelario de mascota: cuaderno para trabajar el duelo por la pérdida de una mascota* está disponible en Amazon (México y Estados Unidos) y Mercado Libre (México).

mamá, papá, hijos, hermanos o mejores amigos, pareja, abuelos y mascotas (este último es el más solicitado). Cada uno es una bitácora sensiblemente diseñada para ser un compañero de duelo y a la vez una luz, como un faro que te guía para entender que los recuerdos no son puñales, sino tesoros invaluables que conservaremos toda la vida.

Cuando llegó el confinamiento, la relación con nuestros animales de compañía cambió por completo; con ello surgió la necesidad de aprender, como adultos, a manejar la idea de perderlos. Empecé a llevar un registro de los casos que llegaban a mi consultorio, y noté que, después de la pandemia de COVID-19, se había incrementado el número de personas que habían decidido tener un perro o un gato en casa para hacerse el encierro más llevadero. Su única salida a la calle era pasearlos dos o tres veces al día, y la convivencia volvió muy estrecha. De hecho, los veterinarios y etnólogos especializados se dieron cuenta de cambios en la conducta y demanda de atención por parte de los animales durante esa temporada. Los que estaban acostumbrados a que su teniente (no hablamos de dueños ni amos porque los animales no son ni objetos ni esclavos) trabajara fuera de casa muchas horas se hicieron a la idea de tenerlo siempre ahí. Se volvieron un poco consentidos y hasta tiranos en temas de atención, y modificaron sus hábitos de sueño y alimentación. ¡Hasta las mascotas engordaron en pandemia!

Para muchos humanos, los animales de compañía se volvieron su único y más preciado vínculo, su contacto con otro ser, y perderlos ha significado una afrenta a su propia integridad y supervivencia. Para otros, que los han amado desde siempre, los animales son parte de su biografía; de su infancia juguetona o solitaria, de su juventud problemática o amiguera y de una adultez en la que comienza la búsqueda de pareja y de un proyecto de vida.

Revisé toda la bibliografía existente sobre el tema y descubrí grandes carencias, huecos donde no cabían las historias personales que tantos me han compartido. Por eso tam-[illegible]ién escribo este libro, para darles voz y visibilidad, para que [illegible]emplifiquen el duro trayecto del duelo por perder a quien [illegible] su responsabilidad, orgullo y motivo de presunción. Al [illegible]l de cada testimonio, encontrarán una perla tanatológica. [illegible] libro sobre el duelo no está escrito por un veterinario, [illegible] un doliente que cuente su historia, ni por un experto [illegible]portamiento animal. Este libro está escrito por una [illegible]ga que busca que, a partir de tu dolor, aprendas y crezcas. Las perlas son producto de una herida en el molusco: este se recubre de nácar para evitar el dolor y capa por capa va formando estas piezas bellas y únicas que son las perlas. Nuestro aprendizaje surge también de un dolor, del pesar de perder, y de él aprenderemos cosas que nos ayudarán en cualquier otro duelo.

No te pierdas la perla por concentrarte solo en la herida. Si aprendiste, no perdiste todo.

No hay una fórmula correcta de vivir el duelo, pero lo correcto es vivirlo y no callarlo. Sumo mi propia experiencia y la de mis usuarios (manera correcta de referirme a mis pacientes de consejería tanatológica) a lo que se ha escrito sobre el tema. Lo he hecho de manera sensible, consciente de que estoy pisando territorio sagrado, el dolor de cada persona.

Perder duele, pero duele más cuando nadie valida tu sentir, cuando te dicen comentarios hirientes y tratan de hacer pequeño tu dolor en lugar de hacerte grande, cuando te tachan de loco o enfermo por considerar a los animales integrantes de tu familia.

Aquí estoy, celebrando mis 26 años de práctica profesional, así como mi experiencia docente sobre el tema del duelo y el dolor, para poner este libro no solo en tu mesita de noche, sino también insertarlo en tu conciencia y corazón para que seamos más empáticos como comunidad, más abiertos y respetuosos a los procesos ajenos, pero también para acompañarte en la noche oscura del alma que puedes estar experimentando.

No colecciones ausencias, atesora amores. Nunca te arrepientas de haber amado. Haberlo hecho te convirtió en una mejor persona. Y no cierres tu corazón al amor peludo, sería un error. Su compañía y amor incondicional, además de su lealtad, valen cada lágrima que ahora estés derramando por ellos.

En el consultorio del veterinario de Lara, mi perra, cuelga un letrero grande que dice: «Un hogar sin perro es un error». Si entendemos que las mascotas son amor puro e incondicional, entonces estoy de acuerdo. Un hogar sin amor es un error. ¿Qué necesita hacer un cachorrito para ser querido? Absolutamente nada, solo ser él. Así deberíamos de amarnos los unos a los otros.

A santo Domingo de Guzmán se le representa con un perro a sus pies. El santo está de pie, dicen que para mover las piernas por si se le entumen con el frío, y el perro lleva una antorcha en el hocico, entrenado en obediencia extrema porque no trae collar ni correa y está en posición de sentado.

A este santo se le conoce como el santo de los perros. Pido que nos acompañe en la lectura de este libro para que logre su cometido, y nos convirtamos en sociedades más empáticas y respetuosas con el dolor ajeno. Que así sea.

El amor de cuatro patas. Su importancia en nuestra biografía. Su increíble lealtad

Aunque el título diga *amor de cuatro patas*, estoy segura de que, si estás leyendo esto y tu amigo es un pez o un pájaro, o no es peludo sino rasposo, igualmente te sentirás identificado. Amor es amor, y no hay mejor oyente que quien no está esperando su oportunidad para hablar. Esa es una de las razones por las que los queremos tanto.

Definamos *lealtad*. La Real Academia Española (2001) la describe como: «Cumplimiento de lo que exigen las leyes de la fidelidad y las del honor y hombría de bien. Amor o gratitud que muestran al hombre algunos animales como el perro y el caballo. Legalidad, verdad, realidad».

Además del hecho de haber excluido a muchos animales en esta acotada definición, nos damos cuenta de que queda muy muy limitada para lo que los animales de compañía ofrecen. Son nobles y cumplen su tarea, no por checar su tarjeta, sino porque lo que buscan es la recompensa del amor y reconocimiento de su teniente.

Algunos perros son astutos detectores de posibles subidas de glucosa, y otros son sabios para adelantarse a un ataque epiléptico que pudiera llevar a su humano a una caída aparatosa. Decirles «Muy bien, muy bien» es suficiente recompensa para que muevan la cola y el alma llenos de contento. Para eso viven, para el amor. Son puros, sin un ego falso que les impida volver a tus brazos después de que les soltaste un «Hazte para allá». Te perdonan, te siguen y lo dan todo por ti. Los humanos tenemos mucho que aprender de ellos.

Si un animal está entrenado para el rescate de personas en los escombros de un sismo, por ejemplo, cumple su misión bajo las condiciones más extremas, no por un entendimiento claro del deber ser, sino para agradar a su amo. Para recibir su afecto y reconocimiento. Un perro sería capaz de todo por defender a su teniente. Por verlo feliz daría literalmente la vida. Y este es mi principal argumento para vivir el duelo por una mascota. Si su misión en la vida era hacernos felices, ¿ahora va a resultar que su ausencia nos hará infelices para siempre? Flaco favor le hacemos al esfuerzo de una vida.

Quien nos hizo feliz en presencia debe seguir haciéndonos feliz en recuerdo. Eso es una vida bien vivida.

Convivir con perros u otros animales de compañía en nuestra infancia nos enseña grandes cosas; entre ellas, la importancia de cuidar y cumplir las obligaciones que tenemos con alguien que amamos, el respeto y la sana interacción, así como la dignidad en el trato y la previsión en las necesidades de alguien que depende de ti. Además, un perro u otro animal es un amigo incondicional que siempre quiere estar contigo, jugar o relajarse a tu lado. Te ama sin importar tu edad, tu dinero o estado civil. Reclama tu atención si no le haces caso, y hasta tienes que atender sus travesuras y destrozos. Te enseña a ser responsable. Te enseña a ser paciente, a tener en cuenta sus necesidades y a reconocerlo como un gran cobijo en una fría noche de invierno. Para un niño, su perro puede ser su hermanito; de hecho, es común que quiera ponerle un nombre humano. Juega, sin duda, un rol dentro de la familia.

Sin importar el animal que sea, desarrollarás con él un lazo importante. Si lo amas, edúcalo, para que la convivencia siempre sea sana y ni siquiera haya necesidad de alzarle la voz.

Recuerda que no son cosas ni objetos bonitos. No son tu propiedad; son tu familia. Por eso el mejor teniente es aquel que pueda satisfacer todas las necesidades, tanto físicas como mentales y emocionales de los animales. Por ello, conviene tener una guía especializada para que sepas a qué te enfrentarás con cada raza y si eres o no la mejor opción para él. Los veterinarios especializados en crianza te orientarán al respecto. Te preguntarán sobre tu rutina, tus hábitos y el espacio del que dispones para convivir con tu mascota. Lo cierto es que pueden recomendarte una raza muy astuta, adaptable y sociable, pero si no surge esa chispa entre ustedes, el amor no se encenderá.

Nadie te puede convencer de tener un animal, más bien, te enamoras de él a primera vista o poco a poco. Quizá piensas que él se adapta a las condiciones de vida que sean, y puede que sea verdad, pero no es justo limitar a un animal en su movimiento, sana expresión o conductas propias de su raza para que encajen donde nosotros queremos. Lo ideal es que la relación teniente-animal de compañía sea siempre un ganar-ganar para ambas partes.

Compartir nuestra casa con animales cuando somos jóvenes nos lleva a encontrar amigos que nos aceptan tal y como somos. No hay que achicarnos para caber en un grupo ni crecernos para pertenecer. Así, tal como somos, en piyama y sin bañar, a nuestro animal de compañía le parecemos perfectos. Le platicas algo y te escucha, y lo mejor de todo es que no te responde ni te da consejos. Por eso los animales son grandes terapeutas, porque saben escuchar. Para un adolescente, su animal de compañía es, sin duda, su mejor amigo.

Como adultos, los animales de compañía nos dan un consuelo increíble. Hemos pasado nuestra vida a su lado y sentimos que nos conocen mejor que nadie. Nos acompañaron en nuestras pérdidas y aguantaron pacientemente nuestras salidas y ausencias, dándonos siempre una sensación de hogar y pertenencia. Además, no tienen un ego malentendido por el que si por un rato no puedes o quieres estar con ellos, luego, cuando los llames, te rechacen orgullosos. Ellos siempre están disponibles y dispuestos. Para una pareja, su perro o su gato puede pasar como su hijo.

En la vejez, la compañía de un animalito nos da una razón para levantarnos de la cama. Hace los días llevaderos y cubre vacíos emocionales. Algunos adultos mayores viven su vida en función de sus animales de compañía y sus necesidades.

Son puntuales con sus citas médicas, no fallan en sus paseos diarios y estar con ellos se vuelve su actividad principal. Son compañeros con quienes quejarse de la vida y evitar sentirse solos; una hermosa obligación y sentido de valía. Ellos parecen comprenderlo todo y tratarnos con cuidado también. Por eso, al separarnos, hay dolor de ambas partes. Incluso a las casas de reposo suelen llevar perros de servicio entrenados para convivir con personas mayores. Es hermoso ver los lazos que se crean entre ellos.

En todas las etapas de nuestra vida son seres queridos, por lo que hay que darnos la oportunidad de vivir un duelo por su muerte o desaparición.

Necesitas preguntarte qué aportaba a tu vida y qué perdiste al perderlo:

- Oportunidad de contacto
- Agradecimiento
- Apoyo emocional
- Reducción de estrés
- Diversión
- Belleza
- Compañía y alegría

Yo era responsable de una vida que a la vez me cuidaba a mí. Con su partida llegó una serie de pérdidas en cascada. Perdí mucho. Pérdida es la ausencia de algo o alguien que yo tenía, y también algo que yo deseaba y nunca obtuve. Es una experiencia dolorosa que genera mucha impotencia. Muchas veces no sabemos responder al dolor y ni siquiera nos damos cuenta de lo que enfrentamos: la ausencia, la falta de redes de apoyo, la indiferencia y el dolor.

Una buena red de apoyo es un grupo de personas, o bien una o dos, con quienes puedes verbalizar tu sentir, aquellos que validan tu pérdida y, ante tu llanto, no te piden parar, sino que saben consolar. Facilitan tu expresión y validan tus emociones. Esas personas son tu lugar seguro, con quienes puedes expresar tu dolor y tu enojo (sin que se asusten), y con quienes puedes volver una y otra vez a narrar lo sucedido.

No es poco lo que te pasó. Has perdido a tu protegido, tu compañero, un amor incondicional, tus rutinas con él. Por eso no quieres regresar a casa, cambias tus horarios de comida, prolongas tus horarios de trabajo, abandonas rutinas, no te ejercitas ni duermes bien... Claro, estás a punto de colapsar.

Por eso tienes este libro en tus manos, porque siempre hay caminos, y no tienes por qué recorrerlos por tu cuenta.

Durante la investigación para elaborar este libro, hallé muchos datos interesantes y curiosos que también he querido compartir contigo; por ello encontrarás al final de cada capítulo una sección dedicada a ellos. Confío en que entre más crezca nuestra admiración por los animales, mayor respeto y trato digno tendremos hacia ellos.

¿Sabías que...?

- La raza de perros basenji es la única que no ladra, sino que emite un sonido curioso.
- Los perros sueñan y recuerdan cosas que hacen a lo largo del día.
- Los perros tienen un sentido del olfato cuarenta veces más desarrollado que el de los humanos.
- Los gatos son los únicos animales que se han domesticado por sí solos (así de independientes son).
- Los gatos tienen uno de los sistemas sensoriales más sofisticados del mundo.
- La mayoría de los gatos no tienen pestañas.

El lazo entre animales y humanos

Este lazo no es una atadura; es un regalo que conlleva muchas responsabilidades. Usualmente el Día de Reyes o en Navidad los niños reciben cachorritos con un hermoso moño alrededor del cuello como obsequio. Pero no son un presente, sino un compromiso, ya que dependerán totalmente de quien lo recibe y cuentan con él para que su temperamento no se vuelva desconfiado, inseguro o agresivo. Su humano le mostrará cómo es el mundo porque él es el mundo entero para ellos. Gran responsabilidad, ¿no crees?

Al darle un animalito de compañía a nuestros niños jamás imaginamos cuánto va a representar para cada uno de los miembros de la familia. Acabamos orbitando alrededor de ellos, se vuelven punto de reunión y unión de los habitantes de la casa.

No puedes darte cuenta de lo mucho que tu animal de compañía complementa tu casa hasta que falta. Las paredes parecen haber cambiado de lugar: todo espacio se redefine.

Te vuelves consciente de cuántas veces volteabas para ver si te seguía, de los silencios que guardabas para escuchar sus patitas sonar en el piso o de cómo clavabas tu mirada en un rincón específico del patio donde solía echarse. Su ausencia duele y queda un enorme vacío en los lugares donde antes solía estar.

Cuando amas algo, te vuelves uno con ello.

Un animalito de compañía requiere atención especializada, vacunas, baño, cepillado, una alimentación adecuada, hidratación, paseos, cuidados y compañía. Requieren tiempo de tu parte y tiempos de convivencia con su especie en espacios adecuados. Si puedes brindarle todo eso, adelante: habrás tomado una gran decisión y cuando llegue el momento de despedirse, tendrás la satisfacción del deber cumplido. Esto último es lo que más ayuda a salir adelante de un duelo: saber que hiciste lo mejor que pudiste con los recursos que tenías y las circunstancias en las que estabas. No significa haber hecho todo perfecto (porque esto no es posible). Somos humanos, y nuestros animalitos lo entienden y así nos quieren.

Lo que sí es inaceptable es abandonar a un amigo a su suerte, irlo a botar a un lote baldío como si fuera un juguete que ya te aburrió, y, por supuesto, tampoco se vale lastimarlo de ninguna manera. Respeto muchísimo a quienes no tienen a los animales en la misma estima, que no les permiten entrar a la casa o los mantienen alejados por higiene. Los entiendo, pero algo dentro de mí siente que se pierden de mucho. Eso sí, repruebo enfáticamente la crueldad hacia los animales. Ese es un síntoma inequívoco de enfermedad mental y violencia que veremos manifestada de muchas otras maneras. El que no tiene piedad para algunos, no la tiene para nadie.

Dañar animales habla sin duda de un trastorno sociopático, en el que no se siente empatía por el dolor ajeno. No se puede sentir bien patear, mojar, golpear o humillar a quien nada te ha hecho, y no merece tu enojo con la vida.

Su amor es tan puro y sabio que no pronuncia palabra. No las necesitan. Son nuestros compañeros incondicionales, pero también nuestros amigos y paño de lágrimas. Los animales de compañía son considerados terapeutas familiares, ya que rápidamente se vuelven el centro de atención de la familia y mitigan los sentimientos de dolor, incomprensión o culpa que pudiera sentir cualquiera de sus integrantes.

Ellos sí pueden con nuestro dolor y hacen todo por hacerlo más llevadero. Aceptan ir a hacer ejercicio con nosotros y también son los más dispuestos para salir a jugar, pasear o divertirse, aunque cinco minutos antes hayan estado profundamente dormidos. Si decidimos apoltronarnos en un sillón a ver televisión, se echan con nosotros, y en la noche, si les permitimos subir a nuestra cama, son los únicos a quienes verdaderamente no les importa si roncamos. Es más, sus ronquidos nos dan paz a nosotros. ¡Es increíble!

El vínculo que se desarrolla es muy especial. Nos parecen hermosos, sean la raza que sean, tengan o no pedigrí. Ni a ellos ni a nosotros nos importa el origen o la alcurnia, nos interesa el amor. Vamos descubriendo con el tiempo todas las bondades que nos ofrecen, pero rara vez nos detenemos a pensar en que tendrán que irse en algún momento y no nos preparamos para la despedida.

Algunos de ustedes crecieron en un hogar donde sus propios padres sentían afecto por los animales, les enseñaron a cuidarlos y siempre fueron parte de la familia. Pero para muchos otros, bajo su propio techo, los animales eran considerados ganado y, sin querer dañarlos intencionalmente, tampoco se tomaban en cuenta ni se creía que tuvieran emociones. En general, las generaciones de antes no estaban tan inclinadas a los perros o gatos, salvo honrosas excepciones. Los tiempos que estamos viviendo, donde vemos perros pasear y ser aceptados en centros comerciales (me queda claro que ellos van adonde tú quieras ir; ojalá que tú también vayas adonde ellos quisieran, como a un paseo en un parque o en el campo) o en restaurantes *pet friendly* (donde hasta ofrecen un menú para mascotas), definitivamente no se concebían. Hoy hay aviones con vuelos especiales para perros, pensiones que parecen hoteles de 5 estrellas y servicios de *spa*, acupuntura y entrenamiento para ellos. Incluso, en un hotel de Argentina encontré un letrero firmado por su gerencia que señalaba: «Los perros son bienvenidos a este hotel. Nunca tuvimos perros que fumaran en la cama, quemando las sábanas. Nunca un perro nos robó toallas o puso la televisión a todo volumen o se peleó con su compañero de habitación. Nunca tuvimos perros borrachos que rompieran los muebles. Por eso, si su perro responde por usted, usted también es bienvenido».

Nuestras mascotas viajan con nosotros porque, en un mundo ansioso, los animales de servicio y apoyo emocional son un obligado. Es increíble cómo crecíamos con ellos y aprendíamos a amarlos y cuidarlos, y ahora ellos nos mantienen de pie.

Suelen dormir cerca de nuestra cama, y un día nos despertamos con la terrible realidad de que ya no están con nosotros. Nuestro duelo es personal y específico, pero no somos los únicos en sentirlo. Eso sí, ellos también tienen sus terapeutas. Vayamos adonde vayamos, el lugar seguro para nuestras mascotas somos nosotros mismos, lo que es una gran responsabilidad y un enorme privilegio. Les gusta salir de casa, pero el lugar más seguro del mundo para ellos será siempre tu propia cama.

En México hay miles de perros en situación de calle. En muchos países de América Latina, los animales de compañía terminan abandonados en azoteas, balcones o patios, y miles más, al dejar de ser cachorros, son abandonados en la calle. Esto es producto de la negligencia y la falta de cuidado, de esterilización o de responsabilidad de sus tenientes. Aplaudo sin parar a quien dedica su vida a rescatar animales, sanarlos o darlos en adopción, porque no se trata de encontrarle un hogar a cada perro o gato, sino de que ese animalito convierta en hogar cualquier casa.

Los perros y los gatos son muy distintos. Cada uno tiene su personalidad, temperamento y belleza, pero una cosa es innegable: el perro es mucho más presumible en exteriores que un gato, que decide dónde y cuándo estar, y no tan fácilmente lo encuentras con correa paseando por un centro comercial con su tutor. Ambos, al igual que los caballos, cerditos, víboras, cuyos o tortugas, son muy «instagrameables» y siempre van a robar cámara, aparezcan donde aparezcan. Por eso ha surgido un nuevo fenómeno en redes sociales: los *petfluencers*, mascotas con perfiles muy populares en redes sociales.

Es común que aquel que tiene una mascota la presuma en redes sociales y acabe creándole un perfil propio. Su popularidad ha aumentado, y suelen tener gran cantidad de seguidores y un alto *engagement* con su comunidad, por lo que las marcas han volteado a verlos para promocionar sus artículos.

Para muestra bastan los *dogfluencers*, Jiffpom, un tierno perrito que se anuncia como figura pública y tiene nueve millones de seguidores en Instagram, o Tucker Budzyn, un labrador con 4.1 millones de seguidores. Gatos famosos los hay como Nala Cat, que es una marca registrada y cuenta con 4.5 millones de seguidores en Instagram, y Grumpy Cat, quien se hizo famosa por su expresión gruñona y que, incluso ya fallecida, sigue contando con 2.6 millones de seguidores. Todo un fenómeno, ¿no crees? Mi Lara, a mucha honra, también tiene su perfil: La vida de Lara, con 1 823 amigos que aumentan cada día.

La verdad es que a veces los usamos hasta para ligar (gran pretexto de conversación), para no sentirnos solos, presumirlos o causar ternura, pero a ellos eso no les importa, porque su misión es hacernos felices y servirnos, y con eso se sienten muy satisfechos.

Tenemos con ellos una gran comunión de almas. Por eso no creo en las comunicaciones interespecies, ya que cuando mueren, no quieren decirnos nada que no nos hubieran dicho ya con sus actitudes, alegría y esfuerzo diario. Los animales no se van con pendientes, y mucho menos buscarían a un intermediario para dirigirse a su humano, con quien siempre tuvieron la línea más directa. Tú sabes lo que te diría si pudiera hablar y tú sabes que la mejor manera de honrarlo es volviendo a ser feliz.

Ya veremos todo esto y más en el capítulo dedicado a despedirlo y vivir el duelo. Pero no te dejes engañar, la muerte también significa una oportunidad de negocio para algunos. Sin embargo, respeto la búsqueda que cada doliente tenga para encontrar paz. Por eso mi misión es que conozcan la tanatología como herramienta de duelo y vida, como una disciplina de acompañamiento. Además de los que ya te he descrito, existen muchos más beneficios de gozar de la presencia de un animal de compañía. Conviene tenerlos en mente, por eso, te los presento a continuación.

Beneficios neurológicos de crear vínculos con tu animal de compañía

Cepillar, alimentar, contemplar o pasear a un animal de compañía representa bienestar en nuestra vida. Diferentes estudios demuestran que beneficia la salud humana. El contacto de las mascotas aminora nuestro pulso cardiaco y presión arterial. Significan un punto de contacto, y hablar con ellos es como hablar con un ser humano, solo que su sabio silencio a veces es más provechoso que el hueco consejo de una persona que quiere frenar tu llanto. Vivir con un animal disminuye la sensación de soledad para ambos. Se ha comprobado, por ejemplo, que un perro que duerme en la misma habitación que sus tenientes vive más años. Contemplar a los animales es como una meditación silenciosa. Por eso ponen peceras en los consultorios de los dentistas: porque nos dan paz. Los animales de compañía son, quizá, la única medicina que sí sabe bien. Estas son algunas de las formas en que el vínculo con tu animal de compañía te beneficia:

1. Te hacen sonreír y, por lo tanto, mejoran tu estado de ánimo. La sonrisa es como encender la luz en el cuarto oscuro que suele ser nuestra mente. Un animalito motiva y fomenta la iluminación de tu rostro y mejora tu actitud. Como esa sonrisa es auténtica y proviene del corazón, activa todas las células de tu cuerpo, por lo que tu cerebro produce más serotonina, un antidepresivo natural. Los animales de compañía alivian la tristeza con su contacto. Un estudio de la Universidad de Azabu (Japón, 2015) afirma que la interacción con perros aumenta la oxitocina, la «hormona del amor». El médico Eduardo Calixto, cirujano y doctor en neurociencias, asegura que acariciar a un animal hace que liberemos oxitocina en mayor proporción. La dopamina y la serotonina responden a un efecto inmediato, en tanto la oxitocina lo hace por periodos más largos. Un neuroquímico más es la betaendorfina, que también se asocia al placer y a cambios en la percepción del dolor. Muchas personas aparecen con sus mascotas en su foto de WhatsApp o perfiles en redes sociales, porque al estar con ellas lucen su mejor versión. Genuinamente te hacen feliz y más atractivo.

2. Los animales de compañía son de gran ayuda contra la ansiedad, ya que contribuyen a reducir la presión arterial y contrarrestar el cortisol (la hormona del estrés). Por eso existe la equinoterapia, la delfinoterapia, los cafés de búhos, conejos o gatos, donde las personas pueden ir a acariciarlos, aunque no sean suyos, con el único objetivo de sentirse bien. Quien está deprimido se siente mejor en compañía de un animalito. No se puede estar estresado y agradecido al mismo tiempo; se excluyen el uno al otro, así es que cuando la presencia de un animal de compañía te hace sentir agradecido por tenerlo en tu vida, el estrés disminuye. ¡Bienvenido el agradecimiento!
3. Cuando la gratitud fluye desde tu corazón, la abundancia llega a tu vida. La presencia de un compañero de juegos y paseos traerá abundancia de amigos nuevos, experiencias y sentimientos a tu día a día. Con él descubres cosas que no sabías que te gustarían, como hacer ejercicio, las largas caminatas, o la convivencia con nuevos grupos de personas, sean gatunas o perrunas. Nos dan estructura y generamos rutinas que le dan paz y predictibilidad a nuestro día. Los animales son generosos y dan a patas llenas.
4. Nos enseñan a tener perspectiva y desarrollar más nuestra capacidad intuitiva. Nuestra vida no se basa en hechos, sino en cómo los interpretamos y cómo nos contamos su historia. La trama que podría haber sido un drama se convierte en una aventura cuando hay un animalito en nuestras vidas. Los animales de

compañía son tan sensibles que nos advierten de problemas como convulsiones, alzas de azúcar, subidas de presión arterial, y muchos otros. Nos dan la posibilidad de que nosotros también podamos entender más allá de las palabras. Ellos nos leen a la perfección y nosotros aprendemos también a leerlos a través de su mirada, su cambio de hábitos o la posición de cola y orejas.

5. Los perros, gatos, caballos, pájaros, y prácticamente todos los animales nos enseñan una filosofía de vida. Tienen pequeños actos de generosidad que nos llevan a mirar a los demás no como objetos, sino como seres vivos. Todos florecemos con esos pequeños detalles de reconocimiento y amor. Son bondadosos por naturaleza, no tienen prisa y nos enseñan a vivir el momento. Siempre están presentes en el momento actual. No hay mejor maestro de *mindfulness* que ellos. Cuando pelean, lo entregan todo, pero no se quedan resentidos y rumiando su enojo. Se van felices moviendo la cola y se echan a descansar en casa. En cambio, los humanos podemos pasar días o semanas enganchados en algo que ya fue. Por ello, nuestros animales influyen muy positivamente en nuestra manera de pensar y actuar porque simplemente nos ablandan el corazón, lo despiertan. Cualquier cosa puede hacerlos felices: una galleta, una caricia, un premio o una bola de estambre. Necesitan muy poco y lo único que quieren es vernos alegres.
6. Con los animales aprendemos a pasear y no solo a ir a algún lado. El camino en sí mismo se vuelve un trayecto digno de explorar y no una mera vía para llegar

a donde quieres. Ellos lo observan todo, lo perciben todo y lo sienten todo. Eso es vivir en plenitud. No piensan en el pasado ni en el futuro, todo lo viven como si fuera la primera vez: respirar, tomar el sol, dormir la siesta. Me queda claro que ellos sí saben vivir con capacidad de asombro.

7. Los animales no se quejan. Se concentran en lo que es posible en lugar de martirizarse por lo imposible. Celebran sus triunfos y los tuyos como nadie. Te reciben diario en casa como si te hubieras ausentado un año y no reclaman tu ausencia a menos que detecten que te sientes culpable por ello. Los animales se mimetizan mucho con sus tenientes. Por su estilo de crianza, pueden volverse tímidos, agresivos o miedosos más por el temperamento de sus humanos que por lo que naturalmente serían por su raza. La angustia de separación que presentan es fomentada por nosotros, por la ansiedad que sentimos al dejarlos solos en casa o salir de viaje sin ellos. Esa tristeza generada por tu ausencia puede llevarlo a no querer comer o sentirse abatido. Son nuestro espejo. Soluciones en vez de quejas, ¿no es eso una gran manera de transitar este mundo?

8. Los animales instintivamente buscan paz en lugar de frustración. Por eso tenemos tanto que aprender de ellos y contagiarnos de su manera de vivir (más en estado de *flow* y disfrute). La vida es corta y ellos parecen tenerlo más claro, aunque obviamente el hombre es el único animal que sabe con antelación que morirá. Qué curioso que no utilicemos esa información a nuestro favor.

9. Nos hacen sentir como héroes, ya sea porque sacamos la galleta debajo del mueble que no podían alcanzar, cambiamos el agua de la pecera o simplemente volvimos a casa. Jamás somos víctimas para ellos. Representan un empoderamiento de confianza y amor tan grandes que, sin duda, nos hacen sentir valiosos. Cuidar de alguien que te necesita te permite sentir importante y relevante, lo cual es un motivo para también cuidarte a ti mismo, porque no puedes fallarle. He visto personas lanzarse del parapente abrazando a su perrito, en parte porque quieren compartir la experiencia con él; pero, yo creo que también para sentirse más valientes al cuidar de alguien más.
10. Las estadísticas prueban que las personas que conviven con un animal de compañía viven más que quienes están solos. Cepillarlo o jugar con él nos ayuda a sentirnos más seguros de nosotros mismos. Puede ser que su momento de muerte ya esté señalado, pero me queda claro que quienes tienen un animal de compañía viven mejor porque tienen un para qué levantarse de la cama, una responsabilidad que asumir y alguien con quien disfrutar una tarde fría o lluviosa. Para más personas de las que creemos, su animal de compañía lo es todo. Se sienten queridas, necesitadas y motivadas a ejercitarse y mantenerse activas. Crean un vínculo enorme que las mantiene vivas e incapaces de pensar en el suicidio, a menos que estén seguros de que alguien más los cuidará y amará como ellos lo han hecho. Nuestras mascotas no nos permiten sentir la

soledad y jamás nos rechazan. Puro y absoluto amor incondicional que, como decía la doctora Elisabeth Kübler-Ross, madre de la tanatología, es lo que necesitamos para vivir y morir en paz.

11. El animal de compañía apoya en transiciones de la vida como el nido vacío, el divorcio, los cambios de etapa por edad, las enfermedades, la muerte de algún ser querido, o la depresión. Yo estoy segura de que tienen propiedades curativas y sanadoras del alma. Un día, cuando no estén, serán lo que hicieron por nosotros.

¿Sabías que...?

- La mayoría de las personas que desarrollan alergias prefieren mitigar los síntomas con medicamentos e inyecciones en lugar de deshacerse de sus animales de compañía.
- Los perros desarrollan un síndrome de cuidador y absorben muchos de los padecimientos de sus tutores. Su enorme instinto de protección hacia sus humanos los haría dar la vida por ellos sin dudarlo.
- Reino Unido fue el primer país en reconocer a los animales como seres sintientes y no como ganado o posesión sin derecho alguno. *Livestock*, palabra que se usa en inglés para nombrar al ganado, significa literalmente «cosa viva».

La sociedad actual aprueba la convivencia, pero no permite el duelo

La empatía en el ser humano con respecto a los animales es algo que naturalmente se da y debe fomentarse. A pesar de la profunda conexión que muchas personas sienten con sus mascotas, el duelo por su pérdida a menudo no recibe el mismo reconocimiento que se da por la pérdida de un ser humano. Esto puede llevar a que las personas en duelo se sientan incomprendidas o aisladas en su dolor.

Quien ama a los animales no ignora a las personas. La empatía no se divide, se expande. Por eso podemos ser igual de empáticos con quien hable o, en su lugar, tenga bigotes o patas. No es con unos o con otros, es con todos.

Algunos más a fuerza que por gusto han tenido que aceptar que existen restaurantes en los que no solo se puede entrar con animales, sino que también cuentan con menús especiales para ellos; que afuera de la mayoría de las tiendas exista un platito con agua por si vienen sedientos (hecho que me parece el rasgo más simple de humanidad), o que se pueda abordar un avión con ellos en lugar de llevarlos en jaulas transportadoras con el equipaje.

Hay personas que no lo entienden, que consideran exagerado o enfermo este trato y amor. Les impacta que después de una pérdida de un animal de compañía estemos dispersos; ellos sienten que ya pasó mucho tiempo y para nosotros parece haberse detenido. Los verdaderos amigos son aquellos que no se ríen ni minimizan y sí saben respetar tu dolor.

Para algunos sus mascotas no son solo animales de compañía, son *perrihijos* o *gatihijos* o hasta *perrinietos* (hay ciudades donde incluso parece que hay más perros que niños). El 21 de julio es el Día Mundial del Perro y el 8 de agosto el Día Internacional del Gato. La domesticación ha hecho que determinadas especies se acoplen al hombre y a una condición de cautividad.

Egipto fue el primero en domesticar y criar perros, eso lo sabemos por pinturas, murales y elementos decorativos que se han encontrado. Eran muy valorados para el pastoreo y la caza, y como guardianes. Al morir sus tenientes, los embalsamaban y los ponían dentro de sus tumbas. En Grecia, el perro era de origen divino. Cerbero era un perro de tres cabezas, mascota de Hades, que prohibía la salida a los muertos.

En Roma eran guardianes de rebaños y casas, soldados en batalla y compañía en la familia. Hay mosaicos que muestran que en las puertas de las casas había un perro. En México, Xólotl, el dios cabeza de perro, era la guía de las almas por el Mictlán o inframundo.

Hoy, en todas partes del mundo son considerados un medio de trabajo, una protección del hogar, modelos de investigación, guías para personas con capacidades diferentes y, sobre todo, fuentes de afecto.

La palabra *mascota* viene del francés *mascotle*, que significa «amuleto», por la creencia de que los animales aportaban buena suerte. En realidad, yo creo que así es, la mayor suerte de todas es el amor incondicional.

Actualmente, son un integrante más de la familia. Se les respeta y alimenta, se les brinda cuidados, según su especie, y visitas periódicas al veterinario. Sabemos que aportan a la familia con la que conviven y que nosotros les aportamos a ellos.

En fin, cada día se ve con mejores ojos esta convivencia armónica con ellos. Pero cuando mueren, no se tiene el apoyo que se debería tener para vivir su duelo. ¿Te imaginas una empresa que otorgara permisos de luto por la muerte de una mascota? Sería totalmente apropiado, pues son parte integral de nuestra familia y convivencia diaria. Sin embargo, esto no sucede en México. Su ausencia es tan inhabilitante como la de un familiar o amigo que vive bajo nuestro techo, pero esas licencias no están estipuladas en la Ley Federal del Trabajo. Hay avances y países latinoamericanos que están poniendo el buen ejemplo. Todavía no se logra mucho, pero ya hay iniciativas al respecto.

En Colombia, en marzo de 2025, la Comisión séptima de la Cámara de Representantes aprobó en primer debate un proyecto de ley que otorgaría una licencia remunerada de un día hábil por el fallecimiento de perros o gatos. Para acceder a este beneficio el trabajador debe presentar una certificación veterinaria que acredite la muerte del animal y demostrar que convivió con él por lo menos durante seis meses.

En Perú, en noviembre de 2024, se presentó un proyecto de ley que propone otorgar un día de licencia compensable a los trabajadores del sector público y privado por la muerte de una mascota registrada en el Registro Nacional de Mascotas (RNM). El día de licencia deberá ser compensado en un plazo máximo de seis meses.

En Chile, en abril de 2024, se introdujo el proyecto de ley conocido como Ley Duque, que busca conceder un día de permiso laboral remunerado por el fallecimiento de mascotas. Además, contempla un día de ausencia justificada para estudiantes, en caso de que muera su animal de compañía.

¿Consideras que un día es suficiente para recuperar fuerzas y volver a tu rutina? El duelo es mucho más complejo que eso. Veamos cuándo comienza realmente...

Duelo anticipado y duelo anticipatorio

El duelo comienza muchas veces cuando se le diagnostica una enfermedad a tu mascota, y se le llama *duelo anticipado*, por la posibilidad inminente de la muerte.

El cáncer puede ser un factor precipitante para que empieces a transitar las etapas del duelo. Sugiero no sustituir la medicina convencional por la holística en casos de cáncer, tanto en perros como en gatos, ya que no suele dar muy buenos resultados. Lo que sí puede hacer la medicina holística es sumar a la recuperación de la salud de tu mascota. Pero coadyuvar no es remplazar.

Después del diagnóstico, comienzan los pensamientos catastróficos de lo que va a pasar, nos sentimos culpables por no darnos cuenta antes de lo que tenía nuestro animal de compañía, pero hay que entender que su especie tiene un umbral del dolor muy alto y por eso a veces no detectamos enseguida qué está mal con él.

Recibir un diagnóstico trae consigo regalos en una envoltura muy extraña; pero, en definitiva, son regalos: puedes elaborar el duelo en menos tiempo, porque empiezas a prepararte para él; tienes la oportunidad de darle calidad de vida hasta el final; ganas tiempo para asimilar lo que está pasando y aminora la culpa; puedes cuidarlo bien para evitar el cargo de conciencia. Además, si lo manejas bien, buscarás la oportunidad de despedirte y planear la eutanasia, si llegara a ser el caso. Despedirse es cerrar el círculo de su vida con nosotros.

Existen cuidados paliativos para animales. Son un conjunto de medidas cuya finalidad no es la curación, sino el alivio de los síntomas. Buscan aminorar, aliviar o amortiguar los efectos que hayan quedado del tratamiento médico administrado. Lo importante es que el animal no tenga dolor; eso requerirá citas médicas frecuentes para poder medir el nivel de deterioro.

La toma de decisiones ante un diagnóstico sigue este curso bien definido:

1. Tratamiento a seguir
2. Procedimiento quirúrgico si es candidato a cirugía
3. Cuidados paliativos
4. Eutanasia

Otras personas comienzan su duelo al ver envejecer a su animal de compañía, lo que llamamos *duelo anticipatorio.* Al saber que se van haciendo mayores, quisiéramos detener el tiempo.

Este duelo comienza mucho antes de la muerte de nuestro animal de compañía. Es un proceso que nos obliga a enfrentarnos a la fragilidad de la vida y a nuestra incapacidad de controlar el tiempo. La dualidad consiste en que queremos que se queden con nosotros para siempre, pero sabemos que no es posible. Si vamos a tener que despedirnos de ellos, que sea en un buen día, no en uno de extremo dolor físico para ellos ni de sufrimiento emocional para nosotros.

El amor que sentimos por nuestros animales de compañía es profundo, sincero y único. Son parte de nuestra familia; son compañeros de vida que han estado a nuestro lado en momentos de alegría y tristeza, sin pedir nada a cambio más que nuestro cariño. Pero, como todo en la vida, el tiempo no se detiene, y llega un punto en el que comenzamos a notar pequeños cambios en su comportamiento y en su cuerpo.

Síntomas (que se sienten) y signos (que se ven) de envejecimiento en nuestros animales de compañía

Los primeros síntomas de que están empezando a bajar la velocidad suelen ser sutiles, apenas se notan. Duermen más siestas, dudan ante los escalones, se mueven más despacio, ya no juegan como antes y sus reflejos ya no son los mismos, dejan de correr a recibirnos con el mismo entusiasmo y prefieren dormir la mayor parte del día. Sus ojitos se ven opacos, como con cataratas, les cuesta levantarse del piso y les salen canas.

A veces, simplemente los vemos y nos damos cuenta de que han envejecido. La vejez es la antesala de la muerte. Los animales nos enseñan cómo vivir y también cómo envejecer: aferrados al optimismo y humor a pesar de sus limitaciones.

El envejecimiento en los animales de compañía varía dependiendo de la especie y la raza; pero, en general, los cambios son evidentes. A continuación, enlisto algunos de los signos más evidentes del envejecimiento y la enfermedad.

- Su caminar se vuelve más lento y torpe.
- Les cuesta levantarse después de estar mucho tiempo acostados.
- Su apetito puede disminuir o cambiar.
- Prefieren descansar en lugar de jugar.
- Presentan signos de dolor, como gemidos o cambios en su postura.
- Su visión y su audición pueden deteriorarse.

Si tenemos la fortuna de acompañarlos a envejecer, también llegará el momento de decidir cuándo decir adiós. Los animales no nos pertenecen, pertenecen al mundo natural. Quizá parece un fallo de amor permitirles envejecer, pues haríamos cualquier cosa por mantenerlos con nosotros y jóvenes por siempre. Ese es tal vez el único regalo que no podemos darles.

Ver a un perro hacerse mayor y que quiera pasar más tiempo en el sol es una experiencia que no debemos perdernos. Me parece que es una forma de aprender sobre la muerte, cómo envejecer y cómo pasar a través del proceso sin pretender que no está pasando. Es en ese momento cuando nos enfrentamos a un proceso que puede ser muy doloroso, del que recién hablábamos: el duelo anticipatorio. Nos preparamos, de manera consciente o inconsciente, para el inevitable momento de su partida. Pero en la mayoría de los casos, esto se vive con mucha angustia (que es exceso de futuro) y ese mismo miedo nos impide disfrutarlos cuando todavía los tenemos. Vemos cómo su energía disminuye, cómo sus patas les fallan, cómo cada movimiento requiere más esfuerzo. Queremos detener el tiempo, pero no podemos. Nos duele en el alma ver así a quien ha sido nuestro compañero de vida, y ese dolor se mezcla con la impotencia de saber que no hay nada que podamos hacer para revertirlo.

Los animales manifiestan una aceptación sin quejas del dolor. Brilla en ellos su intención de sacar el máximo provecho de la vida a pesar de las limitaciones de la edad y la enfermedad. Parecieran tener una aparente calma ante su inminente final cuando se acerca la hora. Aceptan su muerte con infinita gracia.

Lo que es conmovedor acerca de un animal enfermo es su paciencia; no tienen autoconmiseración, ni la total dependencia de su tutor humano. Ojalá pudiéramos aprovechar el tiempo que se nos da antes del final de su vida. Hay que hacer un esfuerzo muy grande para no permitir que la mente vaya más rápido que la vida, y mantenernos presentes y conscientes, como si contempláramos un lago o una presa: aguas quietas movidas solo por las ráfagas de viento, y cerros o peñas pequeñas que enmarcan ese cuerpo líquido. Darte cuenta de cómo el agua parece cambiar de color según la luz que reciba en ese momento. La vida gira alrededor del agua, los pueblos se establecen cerca de su suministro y tienen calma porque saben que lo más básico no va a faltarles. Esta postal que te pinto con veleros y lanchas navegando es una imagen que puedes conservar en tu mente en los momentos de miedo e incertidumbre. Tu animal de compañía te enseñó esa paz mientras dormía, y no me digas que no te encantaba verlo dormir. Quisiera que la paz que te contagiaba su sueño plácido te acompañara siempre como un homenaje: has aprendido sus lecciones, lo entrañas en lugar de solo extrañarlo.

Una parte de él vivirá por siempre en ti.

Algunos animales, además del envejecimiento natural, desarrollan enfermedades crónicas como artritis, insuficiencia renal, problemas cardiacos o cáncer. Estas condiciones pueden requerir tratamientos prolongados, visitas frecuentes al veterinario y, en muchos casos, cuidados especiales que alteran nuestra rutina diaria. Pero más allá de la dificultad logística, lo que realmente nos impacta es el sufrimiento de nuestro amigo. Queremos hacer todo lo posible para que esté bien; pero, al mismo tiempo, nos enfrentamos a la realidad de que su tiempo con nosotros es limitado.

El duelo anticipatorio es un proceso complejo con un alto impacto emocional. No se trata solo de tristeza, sino de una mezcla de emociones como miedo, ansiedad, culpa, frustración e incluso enojo (todos comunes de experimentar). Nos preguntamos si estamos haciendo lo suficiente, si podríamos haber hecho algo diferente, si estamos tomando las mejores decisiones.

Es común sentir las siguientes emociones:

- **Tristeza profunda.** Nos duele verlos decaer, notar que ya no son los mismos de antes (nosotros tampoco lo somos). El tiempo no perdona a nadie.
- **Miedo.** No sabemos cuánto tiempo les queda ni cómo será el momento de su partida.

- **Culpa.** Nos preguntamos si podríamos haber prevenido su deterioro, si estamos dándoles la mejor calidad de vida posible.
- **Ansiedad.** La incertidumbre sobre su salud y bienestar puede ser abrumadora.
- **Negación.** A veces evitamos pensar en su partida, porque nos resulta demasiado dolorosa. Queremos pensar que los tendremos siempre ahí, que están perfectos, y negociamos con la vida para ganar tiempo: «Me tiene que esperar a que regrese de mi maestría», «Viene Navidad y de seguro no va a pasar nada en estas fechas», «Ya mero es mi cumpleaños». Cualquier pretexto es bueno para no ver lo evidente, porque duele y nos han entrenado para negar la realidad y evadir el dolor a toda costa. De hecho, en consulta muchos hablan de su dolor, pero pocos se permiten realmente sentirlo. Te das cuenta porque te hacen una relatoría de los hechos muy puntual, pero desapegada de las emociones y lágrimas. Este aplanamiento de las emociones surge también como resultado de una voz interior que te dice «modúlate», y en consejería lo que menos necesitamos es modulación, sino expresión, que es el antídoto de la depresión.

Dicen ciertos monjes en la India que los perros tienen vidas más cortas porque es parte del servicio que nos ofrecen a nosotros. Ellos son buenos para morir y nosotros muy malos, así que se van antes para mostrarnos que no es tan difícil.

¿Sabías que...?

- No es tan exacto decir que un año de vida perruno sea igual a siete años humanos. Lo que sí podemos afirmar es que un perro mayor de dos años es adulto y después de nueve es considerado anciano.
- Los perros saben cuándo va a temblar quizá porque detectan vibraciones en la tierra o ruidos mucho antes que nosotros, pero lo verdaderamente impactante es que dominan cuál es nuestro estado de ánimo mucho antes de que siquiera pronunciemos una palabra.
- Un gato adulto puede correr a unos 19 kilómetros por hora.
- El gato tiene más neuronas que un perro. Aprenden rápidamente a través de la observación y son capaces de recordar dónde están las cosas que buscan.
- Los gatos muestran cariño y afecto, aunque lo hacen con sus propios comportamientos y gestos corporales.

La eutanasia: tomar una decisión informada

Parece inconcebible vivir una vida sin nuestro animal de compañía. Hemos aprendido a amarlo, respetarlo y a desarrollar empatía por sus dolencias.

Cuando el dolor en ellos se hace evidente, debemos tomar decisiones muy difíciles, pero no podemos hacerlo solos. Necesitamos de un veterinario que lo examine y nos aconseje desde su experiencia, ya que para nosotros no suelen ser tan evidentes algunos síntomas de sufrimiento que un especialista sabe detectar.

Los gatos tienen un umbral de dolor muy alto. Pero existen aplicaciones para el teléfono como Feline Grimace Scale que, por ejemplo, mide el grado de dolor en los gatos tomando en cuenta la posición de sus orejas y su apertura orbital (muy cerrada o muy abierta).

Llega un punto en el que nuestro amigo empieza a experimentar un sufrimiento constante. Ya no es solo el cansancio o la edad, sino el dolor físico que no siempre puede aliviarse con medicamentos o tratamientos. Es aquí donde nos enfrentamos a una de las decisiones más difíciles de nuestra vida y del final de la suya: la eutanasia.

La palabra *eutanasia* viene del griego *eu*, que significa «bueno», y *thanatos*, que significa «muerte». Su significado etimológico, entonces, es «tener una buena muerte». Es una muerte sin sufrimiento.

La Norma Oficial Mexicana 033-SAG/ZOO-2014 establece métodos de insensibilización y sacrificio de animales con el propósito de disminuir su sufrimiento para evitar al máximo la tensión. Puede aplicarse cuando el animal está teniendo mucho sufrimiento por enfermedad o vejez, o cuando hubo un accidente grave. La eutanasia debe ser programada, para así darle tiempo a su teniente de examinarse física y mentalmente, saber qué necesita y tomar la siguiente decisión.

Decidir si es momento de ayudar a un animal a descansar de su dolor es un acto de amor. Dejo de pensar en mí, veo tu mirada y sé que es el final. Esto implica un enorme desafío emocional. Ellos nos hablan con los ojos, y si nos toca verlos morir, es seguro que esa imagen perdurará un tiempo en nuestra mente. Tenemos miedo a soltarlos y al estrés postraumático que quedará tras su partida.

¿Cuándo parar? ¿Cómo no recurrir a medidas heroicas? El cariño puede hacer que te aferres y no sepas lo que es moralmente correcto. Siempre te quedarán dudas sobre si lo manejaste bien, pero recuerda que tu mascota no era realmente tuya, no era tu posesión y tampoco era enteramente tu decisión. Hay muchos factores que contribuyen a cómo se dan las cosas, variables incontables.

Puede haber «buenas» experiencias con la eutanasia y otras muy malas si no se tiene apoyo o con quién compartir cómo nos sentimos. El veterinario debe explicar claramente cómo será el proceso, llamando siempre por su nombre a la mascota para hacerlo más personal y cálido. Es fundamental que dé explicaciones a toda la familia de lo que va a ocurrir y que permita la despedida sin presiones. También hay mucha carga emocional para el veterinario, quien teme que luego lo culpen de haber apresurado las cosas. Siempre recordaremos cómo nos habló, y esa es la verdadera vocación: yo me doy al otro, soy un sentido para el otro.

De todo esto dependerá cómo vivamos el duelo posteriormente. Queremos hacer lo mejor para ellos, pero ¿cómo saber si es el momento correcto, si estamos neceando o yendo demasiado lejos para mantenerlos con vida, aunque ya no sea de calidad?

Algunos signos que pueden indicar que nuestro compañero está sufriendo demasiado incluyen:

- Dolor evidente que no puede ser controlado con medicamentos.
- Dificultad para respirar o moverse.
- La etapa terminal de una enfermedad.
- Malformaciones congénitas o la ausencia de un órgano.
- Fracturas múltiples o afectación en un órgano vital debido a un accidente.
- Quemaduras graves.
- Pérdida completa del apetito.

- Incontinencia severa o incapacidad para levantarse.
- Pérdida del interés en su entorno y en la interacción con la familia.

Los animales no pueden darle un sentido al dolor ni sublimarlo. No entienden que lo que hacemos, cuando están enfermos, es por su bien, y pueden llegar a sentirse agredidos por los tratamientos como si se tratara de un castigo por haberse portado mal.

Es importante tener en cuenta las siguientes consideraciones antes de optar por la eutanasia:

- El diagnóstico exacto del veterinario.
- El estado general de salud de tu animal de compañía.
- Pronóstico en cuanto a la calidad y cantidad de vida que le espera a tu mascota.
- Opciones de tratamiento.
- La capacidad económica que tienes para enfrentar tratamientos costosos.

Existen seguros para tus consentidos de la casa. Están diseñados para cubrir gastos médicos por enfermedad o accidentes a los que estén expuestos, daños a terceros (bienes, personas u otros animales de compañía), eutanasia o fallecimiento asistido y gastos funerarios (con un límite). Son candidatos a ser asegurados perros y gatos que tengan entre 2 meses y 9 años 11 meses. Deben ser animales que vivan en un hogar e incluyen todas las razas y los mestizos. Algunos seguros te dan además beneficios gratuitos como estética, asistencia telefónica, videoasistencia, vacunas y desparasitación. Puedes armar tu plan con diferentes coberturas y generalmente lo que hacen es rembolsarte los gastos cuando solicitas factura. No aplica para perros de trabajo o cacería, o que sufran maltrato, descuido o exceso de ejercicio por parte de los tutores. Tampoco incluye lesiones por peleas intencionales o clandestinas. Hay restricciones por preexistencia de enfermedades, parto o displasia de cadera.

En este punto, es fundamental hablar con tu veterinario de confianza. Él o ella pueden orientarte y ayudarte a tomar una decisión informada, explicándote el paso a paso y la mejor manera de proceder. Yo te lo describiré con mis palabras, que no son ni técnicas ni médicas, porque así puedes explicárselo a un niño o comprenderlo mejor por ti mismo.

La eutanasia consiste en llevar a tu mascota a la clínica veterinaria. No hay que ir solos. Si decides estar ahí o piensas que es demasiado para ti, está bien, lo que decidas está bien. También se puede recibir a los doctores en tu casa, donde han pasado momentos felices. El doctor se hará cargo de todo. Por ejemplo, de tranquilizar a tu animal de compañía inyectándole un calmante. Una vez que entra en un estado de relajación se le introduce una dosis intravenosa de mayor anestésico a través de un catéter. El animalito duerme plácidamente sin dolor y al poco tiempo su corazón deja de latir. Es como si su sueño hubiera sido tan profundo, que su corazón se olvidó de funcionar. Para mí no es acortar la vida, sino dejar de prolongar la agonía, porque la eutanasia se aplica solamente a un animalito MUY enfermo, en estado terminal y que no tiene ya una expectativa de mejora o recuperación. No sufren, descansan.

Yo creo que la hora de su muerte ya está marcada en nuestra vida. Lo que hacemos con la eutanasia es ayudarlos a tener calidad de muerte, así como les hemos procurado calidad de vida.

Es importante recordar que, aunque el dolor de su partida será inmenso, permitirles un adiós digno y sin sufrimiento es un acto de amor puro. Si la vida ya no es de calidad y se ha vuelto un sacrificio solo para no hacer sufrir a su más grande amigo, que eres tú, es justo mostrar el mismo nivel de altruismo y buscar el bien del otro.

Prepararnos para despedirnos de nuestro animal de compañía es una de las experiencias más duras que podemos enfrentar. Nadie está preparado para decir adiós, pero sí estamos formados para afrontar ese momento. Por más que tratemos de estar listos para la pérdida, el dolor puede rebasarnos. Con su ausencia, la rutina y la vida cambiarán. Algunos dolientes lo describen como si el arcoíris hubiera perdido uno de sus colores. Piénsalo: es muy duro perder tu sombra.

Es importante que alrededor de nuestro amigo exista un ambiente de amor y comprensión. La compasión hacia los seres que están a un paso de la muerte material es esencial, ya que tarde o temprano nos tocará hacer ese viaje también. En todo momento hay que tener en mente que damos gracias por su presencia en nuestra vida y en la de los nuestros. Que el miedo no ocupe un lugar que le pertenece al amor.

No hay una forma correcta o incorrecta de hacerlo, pero algunas cosas pueden ayudarnos a vivir este proceso con un poco más de paz:

1. Permitirnos sentir. No debemos reprimir nuestro dolor. Llorar y hablar sobre lo que sentimos y compartir nuestros recuerdos con la familia y amigos es parte del proceso.
2. Acompañarlos en sus últimos días, pasar tiempo con ellos, acariciarlos, hablarles con amor. Hacer que se sientan seguros y tranquilos. Recomiendo tomarles muchas fotografías, que el día de mañana serán nuestros tesoros.
3. Buscar apoyo, ya sea en familiares, amigos o incluso grupos de duelo para personas que han perdido a sus animales de compañía. La asistencia de un tanatólogo y la lectura de algunos libros podrán guiarte en el proceso. En la bibliografía encontrarás títulos de mucha utilidad para ti.
4. Tomar la decisión de ayudar a tu animalito a descansar y parar su dolor debe ser una decisión que se comparta en familia.

No es decidir sobre la vida del otro: es ser su voz cuando no puede pedir dejar de sufrir.

Igual que con las muertes humanas, tu animal de compañía tiene derecho a estar acompañado en los momentos finales. Abandonar el mundo a tu lado puede ser más fácil. Que lo último que se lleve en la retina sea tu imagen.

¿Sabías que...?

- Cuando una hormiga muere, yace ahí, ignorada por varios días, luego otra hormiga carga el cuerpo hacia una especie de cementerio. Lo que ocurre es que el cuerpo de la hormiga muerta secreta ácido oleico, que es lo que detona que otras hormigas respondan llevándolo al lugar donde debe reposar. Las conductas de duelo en insectos son movidas únicamente por procesos químicos.
- Las cabras que son separadas por un tiempo y vuelven a reunirse emiten una vocalización especial, tallan sus caras unas contra otras y se acurrucan en señal de afecto. También emiten un sonido especial, como un lamento de duelo, cuando una de ellas pierde la vida.
- Los pollos sienten y piensan. Es imposible convivir con ellos y no presenciar dramáticas expresiones de duelo cuando un miembro de la parvada o bandada muere.

- Los elefantes suelen visitar el cuerpo sin vida de sus familiares, incluso varios días. Al principio tratan de levantarlo y se estresan cuando ven que no pueden lograrlo. Los elefantes no olvidan y, por ello, pueden sufrir de estrés postraumático. Cuando han atestiguado el asesinato de miembros de su familia, pueden llegar a tener pesadillas por la noche. Sienten la muerte de sus seres queridos y viven un duelo.
- Algunos chimpancés, al igual que los elefantes, poseen cognición y emoción. Son planeadores y solucionadores de conflictos, y están emocionalmente atados a otros miembros de su comunidad. Un ejemplo de ello es que, cuando otros dejan de respirar, cubren sus cuerpos con plantas.
- Los delfines y las ballenas cargan el cuerpo de su familiar hasta que literalmente empiezan a descomponerse.
- Las jirafas corren sin rumbo, desorientadas, cuando un miembro de su manada muere.

6

Duelo por extravío y muertes accidentales

Cuentan que una vez un hombre que tenía una mula muy amada por él descubrió, al amanecer, que no estaba en su corral. La mula había desaparecido, estaba perdida. El hombre pasó la voz entre todos sus conocidos ofreciendo una recompensa para quien pudiera encontrarla. Cabe decir que se trataba de un hombre muy pobre. Esa mula lo ayudaba con el trabajo de la tierra, era su compañera y mejor amiga, así que el anuncio versaba de la siguiente forma:

RECOMPENSA: A quien encuentre a mi mula le ofrezco darle mi mula.

«Pero ¿cómo?», le preguntaban los vecinos. «Si la quieres tanto». «La amo», respondía él. «No tenerla es muy duro, pero saberla perdida es insoportable».

El duelo por el extravío de un animal de compañía en efecto puede ser insoportable. Duelo viene de dos palabras latinas: *duellum,* que significa «combate», y *dolus,* que significa «dolor». Un duelo natural es aquel que no compromete la funcionalidad de la vida y permite readaptarse a la rutina saliendo reconstruido de la pérdida.

> **El duelo es la manera que tiene la naturaleza de curar el corazón roto.**
>
> **Doug Maning**

Cuando la pérdida de la mascota ocurre de manera inesperada o en circunstancias poco claras, es común que los dueños llenen los vacíos de información con fantasías catastróficas. La mente busca explicaciones y, a falta de certezas, puede imaginar escenarios dolorosos sobre lo ocurrido. Esta incertidumbre genera un conflicto interno que produce angustia y mucho estrés. Este fenómeno es especialmente evidente cuando la mascota desaparece y se desconoce su paradero. La falta de cierre puede prolongar el duelo y dificultar la aceptación de la pérdida.

Perder una mascota puede afectar la dinámica familiar. En situaciones donde se percibe corresponsabilidad en la pérdida, pueden surgir conflictos entre los miembros de la familia. La búsqueda de culpables o la necesidad de encontrar una explicación puede llevar a tensiones y, en algunos casos, a distanciamientos permanentes. Si empieza a reinar la discordia en la casa, todos se verán muy afectados por la descomposición familiar.

Te quiero platicar una anécdota que por fortuna terminó bien, pero que ha sido uno de los episodios poco asertivos de mi vida. Me dejé arrastrar por el «Qué tal si...». El hubiera no existe, y se supone que yo lo sé bien; pero cuando se trata de tu amado perro, todo cambia.

Un día estaba en un estudio de grabación dando una conferencia en línea cuando mi teléfono empezó a sonar. Yo nunca lo contesto porque siempre estoy trabajando; les digo a todos mis usuarios y amigos que me manden un WhatsApp y que más tarde regresaré el mensaje. Pero ese día, quien llamaba insistía sin parar. Extrañada (no me pregunten por qué), respondí la llamada. Al otro lado de la línea escuché: «¿Es usted la dueña de Lara?».

Literalmente, se me vino el mundo encima. Por desgracia, vivimos en una ciudad llena de extorsiones telefónicas, y supuse que esta era una de esas llamadas, pero rápidamente, antes de que pudiera pensar más, la voz en el teléfono me dijo: «Aquí la tengo en la calle tal, número tal. Está echadita, sola, en la entrada». Me dio exactamente la dirección de mi consultorio. Mi respuesta fue inmediata: «Por favor, no se mueva de ahí, no la deje sola, vamos para allá».

Mi hijo, que estaba conmigo, salió literalmente corriendo para dirigirse a la dirección indicada. No sé qué cara habré puesto que él supo enseguida que se trataba de algo serio. Le marqué a mi esposo rápidamente y le pregunté: «¡Dónde está Lara!» (no me equivoqué de signos de puntuación; le grité). Somos un matrimonio bien avenido de 35 años de unión y equipo, pero por primera vez, y me duele confesarlo, había odio en mi voz. El caso es que también él salió corriendo y en unos minutos estaban con la señora (para mí un ángel) que había salido a pasear a sus perros y vio a Lara echadita tranquilamente en la entrada de un edificio sin correa, y tuvo la gentileza y el valor de acercarse a leer el teléfono escrito en su plaquita de identificación. Por supuesto, conservamos el contacto de la señora. La buscamos posteriormente para darle un obsequio, y nuestros perros ahora se siguen mutuamente en Instagram. Le estaré eternamente agradecida.

Lo que pasó es que llegaron los técnicos del internet a revisar la conexión y uno de ellos dejó la puerta abierta un momento. Lara salió tranquila y nadie la vio. Lo vuelvo a escribir y sigo sintiendo cosas en el cuerpo. Todos los días mi marido y Lara van por mí a mi consultorio en la noche. Mi rutina es que, al terminar de trabajar, ellos me recogen y regresamos caminando a casa, dejando a cada paso lo escuchado en las sesiones para entrar con ánimos de cenar y convivir. Ella conoce ese camino al dedillo, lleva años recorriéndolo cada día, pero para llegar ahí, ¡tiene que cruzar una calle! La sola idea de lo que pudo haber pasado me sigue aterrando, y no puedo imaginar lo que habría sucedido con mi matrimonio y en la familia si Lara hubiera sido atropellada o desaparecía. Me asusté de las circunstancias y me asusté de mí, de lo que sentí y de la furia inexplicable que proyecté hacia mi esposo, que, cabe decir, estaba más sacudido que todos nosotros.

¿Qué aprendí de esta terrible experiencia?

1. Una plaquita de identificación es esencial y puede devolverte a tu animal de compañía.

2. Siguen existiendo buenas personas en el mundo. De hecho, como decía Facundo Cabral, los buenos seguimos siendo más, aunque hagamos menos ruido.
3. Jamás debes poner un número telefónico en esa plaquita si no es el de alguien que va a responder (ya hice los cambios pertinentes).
4. Los accidentes pasan y hay que estar doblemente atentos, porque como tenientes, estamos a cargo de una vida.
5. Todos tenemos dentro un pequeño monstruo que se va a despertar y enfurecer si se meten con nuestra mascota. Aprendamos a gobernar a ese monstruo y a defendernos del monstruo ajeno.

Es fundamental reconocer que los accidentes ocurren y, aunque en retrospectiva puedan parecer evitables, forman parte de la vida. Culparnos o culpar a otros no cambia lo sucedido y puede impedir el proceso de sanación.

En el duelo por extravío, la mente necesita saber. Nos preguntamos muchas cosas: dónde estará, si tendrá frío o hambre, si estará lastimado, si estará vivo. Obviamente se deben agotar todos los recursos; pegar carteles por la zona, salir a buscarlo (no de manera compulsiva), poner el anuncio en redes sociales, preguntar en veterinarias cercanas si alguien lo ha llevado ahí e investigar en la perrera municipal si alguna cuadrilla lo recogió. Pero una vez exploradas todas las posibilidades, no queda más que esperar y confiar. La esperanza va migrando en su forma. Primero esperas que vuelva, después que alguien se apiade y te lo traiga, y finalmente esperas que esté bien, que tenga un nuevo hogar y lo traten bien. Que se encuentre bien, donde quiera que esté.

Te aseguro que así será, no llenes tu mente con pensamientos catastróficos. Los animales saben sobrevivir, y si alguien se los lleva intencionalmente, lo hizo para tenerlo y cuidarlo, o para dárselo a alguien que también lo hará. Ahí donde no estamos nosotros, está la vida protegiendo a sus criaturas, no lo dudes. Dios se presenta para el hambriento en forma de comida y para el angustiado en forma de esperanza.

Un duelo así es muy complicado, porque hay que frenar la mente y dejar de imaginar la información que no se tiene. También en estos casos la culpa machaca la mente, pensando en los posibles descuidos que los provocaron. No recorras ese camino. Mándale luz.

Es muy complejo vivir un duelo cuando no tenemos un cuerpo que enterrar y no pudimos despedirnos de él.

Cito un mensaje que me llegó un día por Instagram, en @gabytanatologa:

> Hola, Gaby. La vida vuelve a probar mi nivel de resiliencia. Atropellaron a mi perrita y falleció. Fue muy impactante verlo y más tener que cargarla para que la cremaran. ¿Has hecho un episodio de tu pódcast *Después de la pérdida* sobre el tema?

La respuesta es «sí». El pódcast en general fue creado para ser un tanatólogo disponible 24/7. En varios episodios he hablado sobre la pérdida de la mascota

y el complicado duelo que conlleva. Lo recomiendo mucho como una guía y aliado en el difícil viaje de seguir adelante sin ellos.

La muerte por accidente parece poder haber sido evitada, pero los accidentes son una de las formas en que se cumple el destino. No es culpa de nadie, los descuidos son accidentes y los accidentes pasan. Si esto o algo similar te ha ocurrido, no te conviertas en tu juez; lo que necesitas es un amigo.

La culpa acompaña a todos los procesos de duelo, máxime cuando le ha ocurrido algo a alguien que está bajo nuestra tutela, pero como jamás tuvimos la intención de que eso pasara, culpables no somos. Los animales se asustan, corren, no miden peligros creados por el hombre como autos o máquinas, y tampoco están esperando la ferocidad de otros animales.

Lloramos el hecho de que un ser tan amado pueda llegar a tener una vida tan breve, y es que no necesitó mucho tiempo para ganarse nuestro cariño, con ser él mismo, con su espontaneidad, lo consiguió enseguida. Su razón de estar en nuestra vida se ha cumplido.

Entiendo que tu mente quiera recrear lo ocurrido una y otra vez buscando qué pudiste haber hecho distinto para cambiar el resultado de las cosas, pero ese es un ejercicio inútil. Nada cambiará, salvo tu manera de ver la situación.

La culpa será una sensación interna permanente, como si hubieras hecho algo mal. Tu animal de compañía sabía y sentía lo mucho que lo amas (lo digo en presente porque la muerte acaba con la vida, no con el amor) y sabía qué jamás harías algo intencionalmente para dañarlo. Sin embargo, pasó, y si fuiste testigo de un atropellamiento, un atragantamiento, un ataque de otro animal o una caída, puede ser que el estrés postraumático dure mucho tiempo.

Tu mente tiene una comunicación incompleta, es decir, hay algo que te hubiera gustado hacer en ese momento que te fue imposible, y ahí es donde se queda atorada la mente. Te recomiendo hacer esto: concédete en tu fantasía lo que no pudiste hacer en la realidad.

Te lo explico con un ejemplo. Karla llevó a su perra a pasear al parque cercano a casa. Normalmente ya en la parte central del parque le quitaba la correa y caminaban juntas. Kía iba olfateando todo y Karla la miraba muy de cerca. Ese día, de la nada, un perro mayor se lanzó sobre Kía y la mordió en el cuello. Kía chillaba y Karla, desesperada ante la fiereza del otro perro, le gritaba y lanzaba agua de su termo a ver si lograba separarlos. Apareció su teniente unos minutos después y lo llamó con un silbido al que el perro obedeció inmediatamente y se fueron. Karla no podía creer que la dejaran sola, con Kía tirada en el pasto, mientras ellos se iban como si nada. Un amigo de Karla le preguntó después «si no había anotado las placas», haciendo el símil con un atropellamiento en el que el conductor huye, pero Karla no recordaba más que el color negro del perro. Ni siquiera podía identificar la raza. Tomó a Kía entre sus brazos y se sorprendió, pues intentó morderla. Lo hizo desde su herida, asustada, y como instinto para no recibir más ataques. Karla lo entendió bien, pero le pareció horrible sentir miedo de su mejor amiga por un momento. Corrió al coche, colocó su sudadera sobre el asiento y la acostó ahí. Notó que respiraba con dificultad y que estaba perdiendo mucha sangre. Se dirigió a la veterinaria, pero al llegar, se dio cuenta de que Kía había trascendido.

Después de muchos días de llanto y depresión, Karla fue a verme e hicimos el siguiente ejercicio. Imaginó una pantalla en blanco, como de cine, y ahí proyectó de nuevo lo ocurrido, esta vez parada en un lugar distinto, desde el cual sabía que Kía no sobreviviría. Así que, una vez que el otro perro escapó (sobra decir que ningún perro es malo: obedecen instintos; muchas razas son cazadoras y necesitan adiestramiento en su comportamiento, pero no hay maldad alguna), Karla se quedó en el pasto con Kía, sosteniéndola en sus brazos, acariciándola y hablándole dulcemente mientras ella exhalaba su último suspiro.

No puedes concederte que el hecho no haya ocurrido, pero sí puedes suprimir las prisas, la angustia y la carrera desesperada para dar lugar a mucho amor y una despedida a la altura de lo que ha sido su relación.

Con este ejercicio de visualización sustituyes imágenes y le das paz a tu corazón. Claro, Kía seguía muerta, pero Karla había resignificado lo ocurrido. Por difícil que fuera la escena, ella estuvo ahí para acompañarla, darle dignidad al momento y un último adiós amoroso.

Presenciar el deceso de un ser amado es muy duro, pero al menos puedes entender lo que pasó. Cuando no estás ahí, no te lo explicas. Los accidentes pasan y no todos pueden ser evitados. Esa es la verdad. Sinceramente, creo que tu alma se niega a entender, como si de esta manera te dieran de vuelta a tu ser amado.

Acompañar en los últimos momentos es permitir que una parte de ti muera con ellos, pero también entender que una parte de ellos vivirá por siempre en ti.

¿Sabías que...?

- Los perros pueden detectar cambios sutiles en el olor de las personas, lo que les ayuda a comprender cómo nos sentimos. Si nosotros estamos tranquilos, ellos entienden que todo está bien.
- Los otros perros y gatos de la familia, ante la pérdida de un miembro de su manada, pueden mostrar conductas repetitivas, como examinar los lugares donde dormía o comía su compañero fallecido. Los perros pueden volverse más apáticos, reduciendo su consumo de comida y actividad física.
- En el México prehispánico, los perros eran considerados compañeros de los difuntos en su camino de la vida hacia la muerte.

Cuando hay alguien a quién culpar

Aquí no hablamos de accidentes o descuidos, sino de la voluntad de hacerle daño a tu mascota. Hay personas que recurren a envenenamiento de animales o a lastimarlos físicamente para evitar las molestias de su sonido (suelen ser compañeros ruidosos por instinto, porque el ladrido es comunicación y no desobediencia), por rencillas entre vecinos o por resentimiento a los animales.

Si tu perro o gato fueron víctimas de un ataque, un envenenamiento, un golpe o atropellamiento, sientes un fuego interior que muchas veces no te lleva a actuar con asertividad. Nada te regresará a tu ser querido, y estos actos deben denunciarse sin duda, pero también debemos evitar la confrontación directa, porque quien lastima lo que más amas no dudaría en lastimarte a ti. Cuídate y aléjate de personas con mala entraña. No está en nuestra mano la impartición de justicia, pero sí el duelar asertivamente. La rabia nos nubla la visión y el entendimiento, y no nos deja avanzar en nuestro proceso como deberíamos. La venganza no es un camino hacia la justicia.

La cuestión aquí es qué se debe hacer desde la tanatología con tus deseos de venganza, porque te han arrebatado a tu consentido. Lo primero es meterle cerebro a lo ilógico. No puedes tomar decisiones definitivas a partir de emociones temporales. Además, cuando estás en duelo, necesitas tiempo para acomodar lo que sientes y tener muy claros tres aspectos:

1. Nada te devolverá a tu mascota.
2. No puedes permitir que otra persona te lleve a ser quien no eres; debes dar una respuesta desde tus valores y búsqueda de justicia, y no desde la revancha.
3. Puedes agravar las cosas y el dolor de tu familia si haces algo impulsivo que tenga repercusiones legales, morales o físicas.

El concepto que tenga de mí mismo va a influir en mi capacidad de respuesta. Debemos de confiar en que lograremos que se haga justicia, pero sin tener que hacerla por nuestra mano. La venganza siempre es un plato que se sirve frío, y con esa frase quiero recalcar que tampoco te sabe a lo que creías que te iba a saber. No es dulce; es amarga y puede dejar, además, una cruda moral sumada al dolor que ya tenías.

Nuestro amigo jamás hubiera querido que algo relacionado con él o ella nos metiera en problemas. Recuerda que es el mismo ser capaz de lo que sea por hacerte feliz.

Aquí quiero citar a la gran Edith Eger, sobreviviente de Auschwitz y autora de varios libros. Tuve la fortuna de ser su alumna en el curso Revolving to Evolving, en el que nos preguntaba: «Si tomamos venganza de alguna forma, ¿qué es, entonces, lo que nos distingue de los otros, aquellos que nos habían dañado?».

> **Arriesgarse no significa arrojarnos ciegamente al peligro. Significa abrazar nuestros miedos para que no estemos presos de ellos.**
>
> **La libertad es una práctica de por vida, una elección que hacemos día tras día.**
>
> **DOCTORA EDITH EVA EGER**

En México, asesinar al perro de otra persona se considera un delito de maltrato animal. Hay sanciones que varían según el estado. Por ejemplo, en la Ciudad de México, la Ley de Protección y Bienestar Animal establece penas de prisión de dos a cuatro años y multas de doscientos a cuatrocientos días de salario mínimo para quienes causen la muerte de un animal mediante métodos que prolonguen su agonía. La denuncia es la vía correcta a seguir.

Hay un punto aquí que es delicado y que me gustaría tratar con mucho respeto para los dos lados implicados. Hablo de cuando un animalito muere en la veterinaria o como consecuencia de un procedimiento quirúrgico o estético. Tal vez lo llevaste a algún servicio sencillo, una limpieza dental o esterilización, y de pronto recibes una llamada donde te informan que falleció.

Así como los accidentes son parte del destino, los errores médicos también lo son. Elijo creer que ningún veterinario dañaría intencionalmente a un animal. Los aman y por eso eligieron esa profesión tan difícil y que nunca obtiene el reconocimiento total que merece. Tal vez cuidó de su paciente desde que nació, lo vio crecer y, ahora, morir. Si lo atendía y cuidaba de sus enfermedades, créeme, lo quería. Hacer esa llamada es de las cosas más difíciles a las que se enfrenta. Para dar una noticia así se deben elegir cuidadosamente las palabras y ser honestos; no echar culpas a nadie señalando responsables, sino describir los hechos, y asegurar que sus necesidades siempre tendrán importancia, tanto las del animal de compañía como las del tutor. Lo que hacen los veterinarios lo hacen por el bien de su paciente. Pero el enojo que genera en el tutor que las cosas no hayan salido como esperaba puede llevarlo a arremeter contra el médico, personalmente y en redes sociales.

Esto me parece muy delicado, porque el desprestigio que se busca al hacer público algo que ocurrió ha escalado a niveles de ataques físicos contra algunos doctores, e incluso a linchamientos. Las redes sociales nos han concedido a todos un poder que debemos usar con responsabilidad, midiendo las repercusiones o el alcance que puedan tener nuestros comentarios. Hay muchas personas heridas que viven con enojo, buscando dónde descargar toda la basura emocional que cargan. Esto puede convertirnos en comunidades muy peligrosas.

El duelo se transita hablando, llorando y haciendo las tareas del duelo, no atacando.

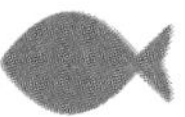

El caso del MVZ Héctor Hernández Cañas

Héctor, médico veterinario zootecnista (MVZ), era dueño de un consultorio veterinario en Tultepec, Estado de México.

El 17 de enero de 2025 acudió a consulta una perrita de raza *yorkshire terrier* de 8 años. Se le diagnosticó una obstrucción por un hueso de aproximadamente 3 cm. La sugerencia médica fue realizar una cirugía para retirar el hueso y, por la edad del paciente, también se recomendaron pruebas de laboratorio.

Los tutores se retiraron con la mascota para buscar una segunda opinión y regresaron un par de días después, ya con estudios realizados en otro lugar, para que se llevará a cabo el procedimiento, pues adonde habían acudido confirmaron el mismo diagnóstico. El médico explicó los riesgos de la cirugía y también que todo se podría complicar debido al tiempo transcurrido entre el día del diagnóstico y la fecha del procedimiento.

La cirugía se realizó con éxito. Sin embargo, el tiempo perdido les jugó en contra. A pesar de los medicamentos y cuidados, la perrita falleció por un paro cardiorrespiratorio cuando estuvo hospitalizada.

A partir de ese momento, los familiares culparon al médico Héctor de negligencia y mala praxis. El 21 de enero de 2025 realizaron publicaciones en redes sociales y lo amenazaron de muerte de forma verbal. En redes sociales las publicaciones lo hacían ver como un mal médico, y le exigieron un pago de 50 000 pesos como reparación del daño. El médico se negó a pagar cualquier importe al respecto.

Él mismo realizó una publicación el 22 de enero explicando en su perfil de Facebook lo sucedido. Cito:

> Tengo 17 años trabajando con mascotas, me preocupa el impacto que pueden tener las redes sociales para poder difundir información que no tiene ningún fundamento.
>
> La perrita de 8 años presentaba una obstrucción en el esófago a la altura del diafragma, un hueso de aproximadamente 3 cm. Se realizaron todos los procedimientos correspondientes, llegando al diagnóstico correcto.
>
> Los tutores decidieron, por su cuenta, realizar una serie de estudios para determinar la situación de su mascota, confirmando el diagnóstico al que ya se había llegado.
>
> Se realizó un procedimiento quirúrgico en el cual pudimos extraer el objeto que obstruía su esófago.
>
> La mascota fue ingresada al área de hospitalizados, citando que solo podía pasar una persona por el estado

de la mascota. Decidimos que ingresaría a la visita un familiar que no generara tanto impacto emocional en ella para evitar movimientos bruscos y un estado anímico estable.

Se siguieron las indicaciones, se le aplicó su fluidoterapia con medicamento y las maniobras correspondientes. Solo se retiró su vía intravenosa en ese momento para poder ofrecer una dieta blanda, cuya cantidad ofrecida no generara una complicación en la recuperación.

Desafortunadamente, por el tiempo en el que tardaron en decidir si realizábamos la cirugía, en la fase de recuperación su mascota presentó una complicación durante la noche, llevándola a generar un paro cardiorrespiratorio.

Las amenazas en redes fueron muy agresivas, así como los volantes que estuvieron circulando en la colonia donde el médico tenía ubicada la veterinaria y en la que se le señalaba de asesino.

El médico fue herido con un arma blanca. Publicó fotos de su espalda con las heridas que le provocaron. Se desconoce si los atacantes eran familiares o conocidos de los tutores de la perrita, o alguna persona que, debido al acoso en redes, lo tomó como pretexto para agredir al médico. Héctor no asistió a ningún hospital por miedo a que fuera mayor la agresión hacia él o sus familiares.

El 8 de febrero una de sus colaboradoras publicó en su perfil el fallecimiento de Héctor. Escribió palabras de agradecimiento por todo lo aprendido y se despidió de él con mucho dolor.

Héctor falleció por complicaciones de sus heridas al no recibir atención hospitalaria, no porque no haya querido ser atendido por alguna institución, sino por no querer salir de casa debido al terror que vivía por el ataque que estaba padeciendo.

El ciberacoso y el linchamiento público sin conocer detalles del caso son muy peligrosos. Los animales mueren, y es limitado lo que podemos hacer para ayudarlos cuando ha llegado su momento. Ningún médico estudia tantos años para acabar lastimando animales. Por el contrario, ayudan a muchísimos, y en algunos casos, hacen todo lo posible y el resultado no es el deseado. Si hay algo que demandar, que se demande por la vía legal, pero no podemos volver a la prehistoria y tomar justicia por nuestra propia mano, ya que nuestro dolor jamás nos permitiría ser justos.

En este punto, quiero plasmar el testimonio de una médico veterinaria que, al saber del proyecto del libro, quiso compartírmelo por redes sociales. Lo hizo por un mensaje directo y prefiero guardar su nombre en el anonimato. Me parece muy importante su punto de vista en lo que nos comenta. Cito:

Yo tengo 13 años en clínica de pequeñas especies, o sea, atención para perros y gatos, y me tocó ver un cambio enorme en cómo la sociedad actualmente ve a las mascotas. Antiguamente eran solamente un animal al que le hacían el gran favor con darle agua, comida y un techo, sin embargo, después de la pandemia vino a darse un cambio muy radical. Es muy triste ver que las personas en aras de poder superar sus pérdidas vuelcan todas sus emociones en una mascota y estamos de acuerdo que un perro jamás podrá ocupar el lugar de un hijo, sin embargo, ahora lo ven así. Cuando una mascota se va, dependiendo del carácter de la persona, muchas veces nos toca verlos derrumbarse, tener sentimientos de impotencia y desesperación, porque la gran diferencia entre la mascota y el humano es que el segundo habla y el primero no nos dice nada. Existe una gran confusión porque las personas piensan que solo por ser veterinarios ya tenemos las respuestas, pero somos tan mortales como cualquier otro profesionista, como cualquier persona.

Recuerdo mucho un caso en particular de un colega que atendió a un perrito muy mayor que tenía muchísimos problemas médicos. Mi colega lo hospitalizó, pasó toda una noche sin dormir poniéndole medicamentos para el dolor, checando su temperatura y respiración, quizá estaba hasta más preocupado que los propietarios. Sin embargo, el perrito falleció y, cuando les avisó, a pesar de haberles informado de sus condiciones, una persona lo insultó a niveles que por respeto no puedo mencionarte. Lo golpeó, lo amenazó de muerte, arremetió contra su local rompiéndole cuanta cosa se le puso enfrente, incluyendo un vidrio. El problema no quedó ahí, sino que tomó fotos y videos, los editó a su conveniencia y los subió a redes sociales para incitar a la población a actos vandálicos. El enojo que pasa durante un duelo causa daños irreparables. Después de bastante tiempo en el cual vivió atemorizado porque le hicieran algo a su familia o a él, pasó lo peor. Mi colega desapareció y lo encontraron varios días después baleado en un lote baldío.

Así como esta te puedo contar miles de historias que desgraciadamente son cada vez más frecuentes en nuestra práctica médica. Desde aquellos que se aferran a tener un paciente que viva de vida artificial, cuya calidad de vida es muy mala, hasta aquellos que sin corazón los abandonan. Cada día me sorprende más la gente que humaniza a un animal y se deshumanizan ellos. Al igual que en medicina humana, nuestra labor es muy pesada, dolorosa y, para muchos, desgastante. La mayoría de los veterinarios damos, nos desgastamos, y un gran porcentaje en algún punto se desilusiona, porque cuando entras a Veterinaria piensas que se trata de curar animalitos, que será de color rosa, pero nadie te prepara para la crueldad, el dolor, el sufrimiento y el sacrificio que implica una carrera así, en la cual es muy frecuente ver cómo los colegas nos desvivimos. Los dueños no ven todas esas noches sin dormir en las que nos pasamos pensando en los casos difíciles, en esos clientes complicados, y nadie te da una medalla por eso. Con el tiempo pesa, y creo fielmente que, así como el cuerpo se enferma, también la mente es frágil y se enferma.

A nivel personal veo a muchísimos colegas con un índice de frustración altísimo, los veo quejarse de todas esas circunstancias, y veo cómo la gente transforma una profesión tan bella. He perdido dos grandes amigos, excelentes médicos, que se suicidaron, porque ya no soportaron la presión tan fuerte que implica ser veterinario, que nadie escucha, que nadie comprende y que estamos destinados a callarnos. La mayoría piensa que es bonita nuestra profesión, que solo acariciamos perritos, pero créeme, Gaby, es mucho más que eso.

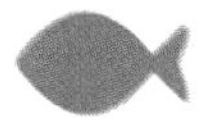

Habrá veterinarios sin vocación, como los hay en todas las profesiones, pero me queda claro que no es intencional el que un animalito muera. No hay dolo ni voluntad de lastimar. Si alguno comete un error o negligencia, confío en que aprenderán de ello, y también creo que era el momento de que ese animalito muriera.

Las iatrogenias (errores médicos) son otra de las vías que usa el destino para cumplirse. Nada nos devolverá a un amigo y se vale recomendar o no a quien te ha atendido, pero no culparlo, porque en el maremoto de emociones que sentimos podemos ahogar a un inocente.

Recomiendo que, como veterinario, vivas tu propio proceso de duelo por tus pacientes. Haz un ritual para despedirte de ellos. Piensa que en cada adiós se queda un poco de tu energía, y si realizas varias eutanasias al mes, muy pronto caerás en un síndrome de agotamiento profesional o *burnout*. Dejarás de hacer una buena resolución de conflictos, perderás creatividad, vivirás permanentemente cansado y sin ganas de socializar. Es un síndrome muy peligroso que afecta a muchos profesionales de la salud.

Un buen trabajo de duelo busca encontrar un nuevo significado a lo ocurrido. Hay que otorgarle un valor a la pérdida, aceptarla, comprenderla, encontrar un cauce a tanto dolor, en lugar de solo enfocarnos en señalar a un culpable.

¿Sabías que...?

- En pocos miles de años, la evolución de la especie canina ha sido un viaje que transformó a lobos en compañeros de yoga.
- De acuerdo con la revista *National Geographic*, de los mil millones de perros que se estima existen en el mundo, solo una cuarta parte de ellos son mascotas. El resto vive libremente.
- Un perro que le tiene miedo al agua no debe ser forzado a aprender a nadar, solo hay que permitirle ver cómo otros perros lo hacen y aprenderá a salpicar por imitación.
- Después de los perros y los gatos, los hurones son los animales que más forman parte de las familias humanas.
- Los gatos esfinge en realidad no son pelones, sino que un vello muy corto y fino parecido a la piel de durazno recubre su musculoso cuerpo.

El duelo de la mascota que pierde a su humano

Los animales tienen vida emocional y debemos reconocerla. Eso nos hará respetarlos infinitamente más y tratarlos mejor. No al mismo nivel que nosotros, pero sí tienen conciencia.

El duelo nos une a nuestros animales de compañía como un hilo fuerte e invisible que no necesita palabras. Basta una mirada, un suspiro, una lágrima o un simple cambio en tu energía para que ellos sepan o huelan que estás triste o enfermo. Cuando uno atraviesa una pérdida, el otro lo siente y lo refleja en su comportamiento. Eso se debe a la conexión mutua que existe y que es muy poderosa. Puede ser que tú lo hayas escogido, pero créeme, él o ella te escogió a ti también.

Hay especies que tienen similitudes comportamentales con los seres humanos. Muchos mamíferos tratan de reanimar a las crías que murieron al momento de nacer. Tratamos sin éxito de vencer a la muerte. Tal vez nuestro único triunfo sobre ella es que el amor trasciende más allá de lo terrestre y lo celeste.

No solo los humanos somos conscientes de la muerte de nuestros congéneres y lloramos su partida. También lo hacen los cuervos, las ardillas, los delfines o las ballenas. La reacción difiere según la especie, pero para los animales de compañía *nosotros somos su grupo o manada.*

Susana Monsó, filósofa que trabaja como profesora universitaria en la Universidad Nacional de Educación a Distancia (UNED) de España, es autora del libro *Playing Possum: How Animals Understand Death* (Cómo entienden la muerte los animales). En él explora la idea de que no solo los seres humanos pueden entender la muerte. La asombrosa mente de los animales tiene muchas áreas que aún desconocemos y lo que ella busca con su libro es desarrollar un mayor respeto hacia los animales en general. Te comparto un extracto de sus ideas:

- Los animales entienden el concepto de muerte.
- Los animales tienen empatía y pueden actuar «moralmente» dentro de su grupo.
- Las hormigas y otros animales tienen conductas estereotípicas con respecto a la muerte.
- Muchos animales viven la emoción de un duelo tras la muerte de un miembro de su manada o clan, dan claras señales de duelo (por ejemplo, madres que cargan a sus crías muertas por días).
- Se puede vivir el duelo sin entender totalmente la muerte; de hecho, es algo que les pasa a muchos humanos también. Son dos fenómenos separados.

- Los animales extrañan, muestran un vínculo muy poderoso con alguien. Si ese vínculo se rompe, se entristecerán.

Estas conclusiones, junto con las muchas pruebas que aporta Bárbara J. King en su libro *How Animals Grieve* (Cómo duelan los animales), nos llevan a concluir que los animales (domésticos o salvajes) son capaces de duelar, extrañar y, después, seguir adelante con su vida si encuentran compañía, motivación y circunstancias favorables que les permitan escuchar nuevamente sus instintos y no frenar su vida. Cuando tú eres el que va a morir, tu mejor amigo merece estar a tu lado.

Ante un enfermo terminal lo ideal es permitir que su animal de compañía entre al cuarto y pase tiempo con él. No nos preocupemos de que se suba a la cama porque no lo va a lastimar; de hecho, el papel del animal es proteger la vulnerabilidad de su tutor y estar a su lado, e incluso, por instinto, resguardarlo de posibles depredadores. Estamos hablando de alguien que va a morir y que merece despedirse correctamente con tiempo y apapachos de quien le ha dado tanto en su vida. Si su compañía siempre nos dio paz, ¿por qué no buscar obtener esa paz en los últimos días?

No todas las despedidas involucran palabras. Muchas veces bastan miradas y contactos para sentir que la vida se está yendo del cuerpo del otro. Al animal que se le permite acompañar le irá mejor en su duelo porque no estará buscando a su tutor. Sabrá instintivamente que ya no está, que se ha ido para siempre y llegará a la aceptación más rápido.

He tenido casos donde al morir el teniente de la mascota, a esta se le permite entrar y recostarse sobre su cuerpo un rato.

El no sentir su calor ni escuchar sus latidos ayuda al animal no solo a presentar sus respetos, sino también a comprender de una forma integral, casi a nivel molecular diría yo, que el tiempo juntos terminó.

El personal de algunas funerarias me ha relatado que al llegar a recoger el cuerpo al domicilio del fallecido han tenido que pedirle a un familiar que retire al perro o gato que custodia la cama, pues no les permite hacer su trabajo. Por doloroso que sea, estar ahí ayuda. Estar siempre ayuda a los cierres de la vida.

Conviene tener un plan salvavidas cuando se tiene un animal de compañía, dejar disposiciones claras en caso de tu muerte, como quién se quedará a cargo de él. Me he encontrado con muchos enfermos terminales cuya preocupación principal es quién cuidará de su mascota cuando ellos partan y si estará bien, y hasta dejan un fideicomiso para que no le falte nada. Muchas madres que perdieron hijos me reportan que haberse quedado con sus perros o gatos ha significado encontrar al mejor compañero de duelo y también una razón poderosa para seguir adelante. Si su hijo o hija lo amaba, ahora les corresponde a ellas cuidarlo. Parece que les hubieran dejado esa tarea como misión de vida.

El verdadero amor siempre te habilitará para la vida, no te quitará las ganas de ella.

Ahora bien, en vida, los animales de compañía cambian su comportamiento. Como espejeándote. Si estás ansioso, tu perro también lo estará. Si te cuesta descansar, puede ser que él tampoco duerma bien o tenga el sueño ligero. Si estás pasando por un mal momento, no se despegará de ti, sabe que lo necesitas. Ellos son capaces de reflejar nuestras emociones, y precisamente desde esa conexión podemos sanar. El humano resignificará y seguirá adelante, el animalito duelará y se dejará poco a poco seducir de nuevo por la vida. Su gran lealtad puede hacer que eso tome mucho tiempo.

Si un perro está triste te recomiendo NO hacer lo siguiente:

1. Regañarlo por estar más sensible (solemos hacer lo mismo con los niños).

2. Cambiar su entorno bruscamente. Necesitan continuidad en su rutina y ambiente. Lo conocido da certidumbre.

3. Dejarlo solo por mucho tiempo. Se sentirá abandonado en su tristeza. Necesitan ser abrazados y bien alimentados.

4. Ignorar las señales sutiles que puede estarte enviando acerca de su necesidad de apapacho y compañía.

5. Minimizar su dolor diciendo que ya se le pasará. Ellos sienten como nosotros, aunque no

> lo puedan verbalizar. El duelo en ellos puede no ser evidente, pero si observas con atención, su dolor se hace visible en sus gestos.

Al fallecer su tutor, el animal de compañía siente una gran añoranza. No quiere comer, entonces lo llevan al veterinario y aparentemente está todo bien, pero lo que pasa es que está viviendo un duelo que no es físico. Los animales sienten las pérdidas. Si no olió su cuerpo sin vida o las cenizas que han traído a casa tras su cremación, puede que siga esperándolo. Repito, su lealtad es incomparable.

Así sucedió con el sonado caso de Hachi, el perro japonés que esperaba en la estación de tren el regreso de su amigo humano. Esta historia fue llevada a la pantalla grande con el nombre de *Siempre a tu lado* y fue protagonizada por Richard Gere. Si no la has visto, te la recomiendo mucho.

La historia real es la siguiente: Hachiko, un perro *akita* nacido alrededor de 1921 en Japón, se convirtió en un símbolo de lealtad inquebrantable. En 1924, Hidesaburo, profesor de la Universidad Imperial de Tokio, lo llevó a vivir a Shibuya. Después del fallecimiento del profesor a causa de un repentino ataque cardiaco, Hachiko esperó fielmente su regreso en la estación de Shibuya durante más de nueve años, capturando los corazones del pueblo japonés con su notable muestra de devoción. En 1934 se inauguró una estatua de bronce en su honor en esa misma estación. Hachiko murió en 1935, pero su legado de lealtad continúa inspirando a personas en todo el mundo.

Conozco varios casos en que al morir el teniente del perrito, este queda a cargo de la familia del fallecido. Los familiares lo ven quedarse echadito junto a la puerta, esperando que su tutor regrese, o lo encuentran en el clóset donde guardaba su ropa, probablemente buscando recuperar su aroma y sintiéndose seguro ahí. Es una buena idea darle una pieza de la ropa de quien falleció para que duerma con ella.

A veces el animalito se recuesta en la cama de quien ya no está y permanece largas horas ahí con una paciencia increíble. Ya no juegan con su juguete favorito (de hecho, su humano es siempre su diversión preferida), duermen en lugares inusuales, se aíslan del resto de la familia, dejan de pedir caricias, evitan mirar por la ventana, donde solían esperar, y nos llenan de ternura.

Si un animalito de compañía está en duelo, lo que debes hacer es reconocerlo, validarlo, acompañarlo con amor y comprensión. No está solo y tú tampoco; descubrirás que los animales son grandes compañeros de duelo. Sanar a su lado es un homenaje lindo para quien se ha ido.

Resumo las señales más claras que se observan cuando un animalito de compañía está en duelo para que te sea más fácil detectarlas a tiempo, antes de que repercutan en su salud:

- Pérdida de apetito
- Apatía o letargo
- Búsqueda del ser perdido
- Cambios en el sueño
- Apegos extremos o con mayor ansiedad

La magnitud de la conexión del humano con cualquier mamífero cercano es impresionante; de ahí la importancia de identificarla para prevenir problemas de conducta y convivencia. Los perros no aprenden por órdenes; aprenden por energía, por vibración, por conexión. No se trata solo de corregirlos, sino de entender lo que están diciendo con sus conductas. Si tú cambias con ellos, ellos cambian.

El amor hacia una mascota puede ser firme, pero no severo. Evita usar castigos o refuerzos sin entender la causa del problema. No creas que solo con entrenamiento cambiará su comportamiento, también lo hará con comprensión y empatía. No ignores lo que tu perro está espejeando de ti: tú puedes ser la causa de esos ladridos sin parar (ojo, el ladrido es comunicación, no desobediencia), que jale la correa o esté ansioso todo el tiempo.

Los problemas se resuelven desde la conexión y el amor. No queremos que nuestros amigos lleguen a casa cansados de estrés después de un paseo en grupo, queremos que lleguen cansados de felicidad. En el escenario ideal, ellos quieren pasear contigo como tú quieres hacerlo con tu familia. Un paseo exprés no lo hace sentir seguro, entendido y en equilibrio.

Si a ti te hace sentir bien, habla con la mascota en duelo, explícale lo ocurrido, dile que lo sientes y que te asegurarás de que todas sus necesidades serán cubiertas. Háblale desde el corazón. Tal vez no entienda el significado de las palabras, pero sí la intención de pronunciarlas. Si esto resuena en ti, hazlo.

Yo siempre le explico a Lara cuando salgo de viaje que estaré fuera y volveré en unos días. Le encargo que cuide la casa y me ve salir con una maleta. Estoy segura de que conecta A con B y se quedará tranquila porque volveré.

Tiempo, paciencia y conexión, eso salvará a tu mascota si tú faltas. Asegúrate en vida de crear esa buena red de apoyo que pueda cacharlo el día que tú faltes. Pensar en esto también es parte del amor.

¿Sabías que...?

- Cuando muere un compañero, los gorilas rodean su cuerpo inspeccionándolo a modo de autopsia. Puede ser mera curiosidad, pero también lo olfatean y lamen, como si prepararan su último adiós.

- Algunas crías de gorila tratan de amamantar a sus madres fallecidas en un intento de devolverles la vida que ella les dio.

- A lo largo de su vida, los tiburones llegan a perder entre 8 000 y 20 000 dientes (los animales nunca dejarán de maravillarnos).

- Se ha descubierto que los pulpos ocasionalmente lanzan golpes con sus tentáculos a los peces por puro despecho.

- Los gatos sudan por las patas como si llevaran calcetines mojados.

- En primavera, los gatos sufren de alergia por el polen, comen distinto y dan grandes sinfonías de amor si no están esterilizados.

El duelo por la muerte de tu animal de compañía

Existen muchas ideas acerca de lo que es la muerte. Para algunos, es la separación del cuerpo y el alma; para otros, es simple y llanamente el final de la vida.

La Real Academia Española define la muerte como cesación o término de la vida. Al menos de la vida como la conocemos, pero si bien la muerte acaba con la vida de un ser, no acaba con lo que sentimos por él.

Biológicamente la muerte es la pérdida irreversible del orden orgánico, de la capacidad de autorregulación, del funcionamiento del organismo como un todo.

Filosóficamente:

Para Sócrates, la muerte es parcial, pues el alma no puede ser envenenada por la cicuta.

> Platón considera que filosofar es prepararse para morir. [...] El saber que vas a morir es lo que hace que la vida sea única e irrepetible. [...] Es la conciencia de la muerte la que convierte la vida en un asunto muy serio para cada uno.

Cuando se trata de tu animal de compañía, la muerte llega a romper rutinas y despertar la añoranza, no solo por la mascota que estamos perdiendo, sino también por quien nosotros hemos sido a su lado.

Los vimos llegar a casa, crecer y pasar su vejez, por lo que desarrollamos un vínculo muy estrecho con ellos. Por eso, la ausencia de un animal de compañía requiere un ajuste emocional en nuestra vida, no podemos hacer como si nada serio hubiera pasado. Seguir adelante sin ellos puede sentirse, en cierto nivel, como una traición.

Y otro tipo de traición es la que cometemos con nosotros mismos juzgando nuestros sentimientos. «¿Por qué me siento tan mal? Otros tienen dolores más fuertes, ¿por qué no puedo aguantar y superarlo ya?». En ocasiones queremos contar lo que nos pasó, pero escuchamos a otro decir que su madre se enfermó o que su hijo desapareció y sentimos que lo nuestro no alcanza ese nivel como para compartirlo.

Deja las comparaciones, permítete tu propia sorpresa ante la profundidad de lo que sientes. Libérate del autojuicio y permítele a tu cuerpo y mente vivir tu dolor. Exprésalo, pero siendo amable contigo mismo: estás recorriendo un camino con total unicidad. No hay un duelo igual a otro y nadie ha caminado este, tu trayecto, antes que tú.

Acércate a tu proceso con verdadera curiosidad, en lugar de juicio. En vez de recriminarte: «¡Por qué hice eso!», cuestiónate de verdad: «¿Por qué hice eso?». Actúa como un científico, experimentando lo que te ha servido de tu proceso y lo que no. Esta información te será muy útil en tu próximo duelo.

Créeme, habrá otro duelo. No lo digo por ser mala ni por deseártelo, sino porque la vida es —como decía el escritor Augusto Monterroso— un movimiento perpetuo.

No midas tu proceso con relojes ajenos. Aunque alguien te diga que este proceso ya ha durado demasiado o que vas muy rápido, solo tú sabrás a qué paso caminar. Yo te recomiendo ir sin prisa, pero sin pausa.

Debemos buscar la ocasión para estar tristes y no caer en un activismo donde tenemos miedo de parar y sentir. Hay quien busca llegar a la cama agotado para desplomarse en ella y dormir, para no pensar ni sentir. Pero un día la vida te detiene con un problema menor, una gripe, digamos, y entonces sí colapsas. Te detienes y te alcanzas. Según tu personalidad, puede ser que no te guste ser consolado. En realidad, no se necesitan palabras, pero sí cuidado y atención. Compartir un silencio con alguien también es intimidad, no tenemos que hablar todo el tiempo. Tu mensaje hacia los demás puede ser «Hazte para allá, déjame solo», pero las lágrimas demuestran lo confortable que puede ser un hombro sobre el cual recargarte.

Hay que meter nuestro duelo en la agenda y vivirlo. Se vale estar triste y confesarlo. El duelo es el espacio para expresar tu sentir. Puedes hablar de tu dolor o solo darte cuenta de que está ahí, pero no lo ignores. El precio de ignorarlo puede ser que te llenes de amargura o te pongas una armadura emocional que, si bien te impedirá sentir dolor, tampoco dejará pasar la alegría ni la ternura. La meta debe ser sentirse mejor, vivir mejor, lidiar mejor con las cosas, no solo cuando alguien te pide ayuda, sino también cuando alguien te la da.

Amarte y cuidar de ti mismo no es narcisista, es convertirte en tu propio motor para seguir adelante.

Considero de vital importancia para nuestro propio duelo entender que al menos nuestro animal de compañía no vivirá el dolor de perdernos a nosotros. Es un agridulce consuelo entender que nosotros cargamos este dolor por ellos, que ya vimos, en el capítulo anterior, cómo lo padecen. Si puedes cambiar tu manera de ver las cosas y de pensarlas, cambiarás tu vida. Esto, en tanatología, se llama *resignificar*, y es poderoso más allá de lo medible.

Hemos pasado tanto tiempo con nuestra mascota que es parte de nuestra identidad. Es normal no saber quién soy sin él o ella. Por eso conviene hacer una lista de todos nuestros miedos para ir calmando cada uno de ellos.

Uno siempre sobrevive la muerte de un ser querido. El duelo por la pérdida de una mascota tiene seis etapas muy claras, similares a lo que estamos acostumbrados a cursar como proceso doliente por la muerte de una persona. Pero aquí no hay negociación y la culpa, por su intensidad, adquiere categoría de etapa en sí misma.

Usualmente, la culpa está integrada en la fase de rabia, ya que es el enojo contra uno mismo, repleto de juicio y decepción. Sin embargo, aquí es una etapa aparte porque los animales dependen enteramente de nosotros. El grado de culpabilidad que sientas dependerá de tu carácter. El duelo no te da una nueva personalidad, simplemente acentúa lo que ya eres. Por eso quien es culpógeno vivirá el duelo por la pérdida de su mascota con una culpa infinita.

Lo que hace tan único este proceso es la incomprensión y frontal ataque que tenemos de la sociedad al vivirlo.

Una vez más, como lo señaló la doctora Elisabeth Kübler-Ross, las etapas del duelo que ella descubrió (negación, rabia, negociación, depresión y aceptación) no se recorren de manera lineal ni tampoco una sola vez (en este libro me doy licencia de adaptarlas al duelo por la muerte de una mascota, pues ella nunca abordó el tema como tal). Las etapas pueden ir y venir, y a la que más regresamos en estos casos es a la culpa, por la total dependencia de nuestro animal de compañía hacia nosotros.

Estas etapas no son un mapa ni se cumplen tal cual, en todos los casos, son más bien una aproximación a tu proceso.

1. ***Shock*/Negación.** No puedes creer que esto esté pasando y no sabes cómo reaccionar. Al principio algunos pueden demostrar indiferencia, hacer como si todo estuviera bien, como si ya hubiera pasado. Puedes incluso creer que la única manera de lidiar con la muerte de tu animal de compañía es negando rotundamente que pasó; mantienes la esperanza de que va a entrar por esa puerta muy contento, y todo volverá a ser como antes. Algunas personas hasta los sienten a su lado, aunque no puedan verlos. Y no, no te estás volviendo loco si lo sientes o lo escuchas. Todo

esto es un mecanismo de defensa de nuestro cerebro por no creerse capaz de aguantar el impacto. Lo que solemos decirnos en esta etapa es «No puede ser» o «Yo no debería de estar viviendo esto». Después, el sentimiento emerge y se exterioriza con agresividad.

2. **Rabia.** Te enojas contigo mismo, con el veterinario y hasta con tu mascota. La rabia muchas veces nos ciega y nos hace señalar como culpables a los veterinarios, a Dios o al universo. Cuidado, porque la rabia puede llevarnos a ser muy injustos en nuestros juicios.
3. **Incomprensión.** La respuesta de la familia y la sociedad ante tu pérdida no solo es de indiferencia, es de total incomprensión a lo que estás viviendo. Quieren rescatarte de tu tristeza en lugar de acompañarte en ella. La minimizan, quieren racionalizarla, hacerla ilegítima, y eso duele mucho. Hace que vivas un duelo silente, que te tragues tu dolor, lo maquilles de normalidad y, como consecuencia, impide el desarrollo sano de las siguientes tres fases del dolor:

    1) Sobrevivirlo.
    2) Sanarlo.
    3) Crecer a partir de él.

La prisa inaudita que tiene la sociedad para que vuelvas a la normalidad es enorme. Las personas se sienten muy confrontadas cuando un animal ocupa un lugar en tu escala de prioridades y amores. No deberían de asumir que amar a un animal se debe a un fallo de los humanos que no han sabido ocupar ese lugar en tu corazón, ni tampoco sentir que querer mucho a un animal es alguna forma de disfunción de nuestras emociones. Amor es amor.

Quien tiene que validarse en un duelo es uno mismo.

4. **Culpa.** Aquí es donde empiezan todos los «Debí hacer...», o «Si yo no hubiera hecho tal o cual cosa, el resultado sería distinto», pero la verdad es que no podemos saberlo. Probablemente no hay nada que hubieras podido hacer o dejar de hacer que cambiara el final de las cosas.
5. **Depresión.** Es una depresión reactiva por la pérdida de tu amigo o hijo peludo. Va acompañada de mucho llanto, problemas para dormir y comer; te alejas de otras personas y hasta llegas a tener pensamientos de no querer seguir viviendo. Seguramente lo usarás como negociación con el universo para que te regresen a tu ser amado, pero esto no ocurrirá. Te prometo que no estás tan muerto por dentro como te sientes ahora.
6. **Aceptación.** Aceptas que tu mascota murió. La tristeza persiste, pero estás dispuesto a seguir adelante, recoger los pedacitos de tu corazón y pegarlos. No es recomendable que alguien le regale a un doliente otra mascota; el proceso de selección de un compañero de vida es personal y llega en tiempo y forma a tu vida. Los animales también nos escogen, y eso hace tan recíproca la relación.

La decisión de tener otro perro o gato es muy personal. Algunas familias traen a un nuevo integrante cuando su perro ha sido diagnosticado con cáncer. Descubren que eso lo reanima y rejuvenece, además de que el mayor enseña al cachorro cómo comportarse por imitación. Esto depende de que tan fácil se adapten respecto a la territorialidad. Si deciden tener un nuevo perro o gato cuando el suyo ha muerto, lo importante es no compararlos.

Es muy fácil idealizar al que se ha ido y no es justo para el recién llegado, con el que solemos ser demasiado críticos. «Nala nunca mordía los muebles», «Simón no rascaba el piso», «Picos sí sabía ir por la pelota». Dale al nuevo una oportunidad auténtica, con tiempo y adiestramiento sacará a lucir su temperamento y sus dones. Tener una nueva mascota puede ayudar al proceso de duelo, pero solo si es el doliente quien lo decide y escoge. No es conveniente forzar los tiempos de su duelo. Nadie sustituye ni ocupa el lugar de otro. En el corazón caben todos.

Date el permiso de dejar ir, de soltar y de no depender de la presencia de nadie para ser feliz. Es necesario, sabio y amoroso. No te quedes apegado a un evento trágico. Ajusta el terrible acontecimiento al maravilloso ser que eres y al increíble ser que él o ella fue.

No me he dado por vencida frente a la incomprensión de los demás con este tipo de duelo por la muerte de un animal de compañía. Seguiré intentando sensibilizar y concientizar porque sé que queda mucho camino por recorrer. Es un duelo que luego ni siquiera llamamos duelo, como si estuviera privado de derechos para serlo.

Necesitamos expandir nuestra cultura del duelo y el dolor. Mucho de él está escondido y no necesitamos razones aceptables para sentirlo. Aunque una pérdida no sea socialmente apoyada, siempre duele.

No vayas por ahí peleándote con todos para que te comprendan. En lugar de eso, permíteme que te dé una recomendación que escuché un día de boca de un pastor: «Sé como las águilas. Ellas no pelean sus batallas en el suelo, jamás bajan hasta ahí. Elévate, sube lo suficientemente alto para que tu rival se quede sin aire allá arriba. Para que se le acaben los argumentos, porque tu conducta y principios serán tan profundos y elevados que no tendrás que esforzarte en convencer a nadie, sino en dar testimonio de amor y trabajo de duelo».

Llegó el momento de escuchar el duelo inexpresado. De hacer espacio en nuestra sociedad para el duelo invisible. Hacerlo visible es un acto terapéutico. Le pido a todos que demos un paso adelante, que empecemos a buscar este duelo silente en nuestros amigos y familiares. Confíen en sus herramientas, solo se necesita estar alertas; ustedes conocen bien a sus seres queridos.

Es buena idea buscar ayuda profesional cuando estás pasando por un duelo, eso sería elevarte. Acercarte a un tanatólogo no es signo de debilidad o de que no seas capaz de lidiar con ello. El duelo no te hace una persona débil. La verdadera autoestima es «Yo lo puedo todo, pero no lo puedo solo».

No es una buena idea guardar tu dolor en el pecho, eso puede afectar tus relaciones con los demás, tu trabajo y también tu salud, y sin ella no hay calidad de vida. Es muy natural sentir todo y no sentir nada al mismo tiempo, así de contradictorio es el duelo. Se trata de un tiempo en el que nos cuestionamos nuestro valor y nuestros principios y metas. En una expresión: perdimos la brújula.

Perder a tu animal de compañía es un dolor legítimo.

El duelo no tiene un tiempo de duración determinado. Habrá días en los que el dolor será intenso, en los que extrañaremos sus patitas siguiéndonos por la casa o su cabeza apoyada en nuestro regazo. Y habrá días en los que recordaremos con una sonrisa todo lo que nos dieron, la felicidad que nos regalaron.

El duelo suele durar entre seis meses y un año, pero recuerda que no hay recetas escritas. Para entre el 5% y el 12% de las personas, el duelo puede provocar incapacidad emocional o incluso patologías psicológicas. Perder nos deja una enorme sensación de soledad, enfado y culpa. Manifestaremos esto con problemas de sueño o apetito, y sentiremos que algo anda mal en nosotros, que algo en nuestro interior se ha muerto. Cuanto antes aceptes que estás mal, el pronóstico para tu duelo será mejor. Se vale llorar y que no te afecte lo que te digan. No sanas si no reconoces la herida.

Muchas personas no pueden entender la relación tan especial que hay entre mascotas y tenientes. Si el amor es real, el dolor por su partida también lo es. Hay que poder despedirse de ellos cuando sea posible y, como en muchos otros duelos, no podemos esperar la comprensión y empatía de los demás para vivirlo. Tienes derecho a vivir tu dolor, a que sea visto y a que tus emociones sean expresadas. Cada persona que vive un duelo por su animal de compañía debe ayudarnos a hacer cultura del duelo con su grupo social para que, poco a poco, vayamos aprendiendo a respetar el dolor, evitar frases trilladas y dejar de hacer sentir peor al doliente, como si lo que sintiera fuera exagerado o desproporcionado. Si tu animal de compañía era hermoso en vida, también puede ser ahora un bello recuerdo y no uno horroroso.

Guía de los primeros pasos ante la pérdida

1. **Tomar postura.** Sé que no querías decirle adiós, pero ahora la despedida es inminente. Decide que esto no te va a destruir, que tú eliges que te construya en una mejor persona, aunque la pérdida no ocurrió para ello. Las cosas pasan porque así es la vida, no porque el universo quiera darte una lección.
2. **Soltar la culpa.** Lo que pasó no es tu culpa, tú no querías que pasara. Probablemente tienes cierto grado de responsabilidad, pero culpa no. La culpa es querer que algo pase y hacer algo concreto para que suceda. Es importante no confundir sentirse incompletos con ser culpables. Si quitarte un anillo que has usado por largo tiempo se siente «raro», ahora imagina no ver, no oler y no estar con quien suele meterse debajo de tu silla y empujarla,

con quien pone su patita sobre tu zapato y se te acerca siempre buscando una caricia.

3. **Cuidar de ti.** Vendrán días duros. Por favor, no olvides comer bien y tratar de descansar. Pon todo lo que esté en tus manos para hacer esto más llevadero y no complicarlo.
4. **Hacerte cargo de los servicios funerarios.** Existen muchos seguros de gastos médicos y funerarios para mascotas. Me parece una buena idea contar con ellos para hacerle frente a los gastos de emergencia e intervenciones que suelen resultar muy costosas. Además de la carga emocional, no quisiera que en esos momentos tuvieras que lidiar con la angustia de no poder cubrir las necesidades de tu mascota. Ya hablé de estos servicios en un capítulo anterior, y puedes preguntar a tu bróker de confianza si en su compañía manejan ese tipo de coberturas.

Los niños y el duelo

Si tu perro o gato era la mascota familiar, todos en casa estarán muy tristes. Eso incluye a los niños, que, según su edad, tendrán un concepto o una idea diferente de lo que es la muerte. Recomiendo en estos casos la lectura de mi libro *Cómo curar un corazón roto,* que en su segundo capítulo explica cómo manejar el duelo con los niños según su edad, y también habla de la muerte de la mascota y el impacto que les produce.

Los niños señalan la muerte de su mascota como el evento más triste de sus vidas; no es una cuestión menor. Necesitan comprender la muerte y hay que leer entre líneas lo que de verdad preguntan. Quieren saber si ellos lo mataron, si también morirán algún día. Buscan consuelo y apoyo, no distracción y evasión del tema. La sobreprotección es una forma de agresión; por eso ya no seguimos esa norma de la conspiración del silencio, de creer que son demasiado pequeños para darse cuenta y que se les pasará pronto. Si te pasó a ti, ¿recuerdas perfectamente la muerte de tu primer compañero de infancia? Hay que hablar de la muerte de manera honesta y clara. Por eso en la bibliografía de este libro encontrarás títulos de muchos cuentos sugeridos que abordan el tema, que es una biblioterapia muy efectiva.

Lo mejor cuando tenemos que hablarles de muerte y pérdida a los más pequeños de la casa es seguir tres sencillas reglas:

1. Siempre decir la verdad.
2. Adecuar esa verdad a su nivel.
3. Siempre acompañarlos en su proceso, responder dudas y proporcionar recuerdos de los cuales puedan asirse. Los buenos recuerdos arrinconan a los malos. Invítenlos a expresar sus sentimientos sobre la muerte de su mascota. Hacer un dibujo, un memorial o una carta les ayudará a acomodar sus sentimientos y manifestar su agradecimiento por el tiempo compartido.

En la escuela de los niños deben saber lo que ocurrió para que estén pendientes de su estado de ánimo y detecten si empiezan a aislarse de sus compañeros. Hacer equipo con la escuela de nuestros hijos es muy importante porque los jóvenes muestran una cara social y otra muy diferente en familia. Necesitamos una atención clara, no una persecutoria, presionándolos a expresarse o a llorar. Esas lágrimas llegarán cuando tengan que llegar. Recuerda que los niños se comunican con los animales de una forma natural, no todo tiene que ponerse en palabras. Aprendamos de ellos a ser más animal con tu animal, tírate al suelo a jugar con él, acarícialo, jala una cuerda retándolo a sujetarla con fuerza. Esos son los juegos que disfrutan.

Unirse a grupos de apoyo emocional para trabajar la pérdida de un animal de compañía puede favorecer mucho el proceso, porque así tendrán un grupo que sí los comprenda y comparta su dolor sin minimizarlo o criticarlo.

Si estás en duelo, sal a la naturaleza, ella sabe cómo lidiar con un corazón roto y aliviarlo. Tal vez la lección más grande de amor te la dio alguien que nunca habló tu idioma, pero entendió tu alma.

> **Hay palabras que nos cambian la vida... pero hay ladridos que nos cambian el alma.**
>
> **Jean Lacroix**

Hay muy buenas cuentas en redes sociales que abordan estos temas y que son de gran ayuda para sentirse en comunidad y respaldado. Te recomiendo algunas cuentas de Instagram que yo misma sigo: @duelo.perdida.mascota, @center_for_pet_loss_grief, @petgriefletters y @honoringouranimals.

Cómo apoyar a quien está en duelo por su animal de compañía

Hay un ABCD del apoyo al doliente en estos casos. Es muy importante que tú pienses cómo te gustaría ser apoyado si estuvieras pasando por esta situación. También recuerda cómo has apoyado a personas que han pasado por esto antes. Es posible que haber leído hasta aquí ya te haya cambiado y tengas más herramientas para saber estar con el dolor de otros.

a. **Acompañar.** Nunca minimices el poder sanador de tu presencia. Jamás un mensaje o una llamada lograrán lo que tu presencia significa en el corazón de un doliente.
b. **Permitir que verbalice su dolor.** No le des respuestas como «No digas eso», «No hables así», «No blasfemes», etcétera. Que no te asusten sus expresiones de dolor. Una cosa es «Me quiero morir», y otra muy diferente es «Me quiero matar». Confía en que lo que siente no será permanente; sacar lo que uno trae dentro es limpieza del alma.

c. **Darle expresión a su sentir.** Fomenta que pinte su dolor, que lo construya, que lo baile, que lo escriba o teja. Toda actividad creativa le ayudará a canalizar lo que siente. Dale un rollo de papel kraft y tírate con él al piso a dibujar, que raye todo lo que quiera, que fluya el color negro que trae dentro para que poco a poco su emoción se vaya suavizando y emerjan los colores claros.
d. **Apóyalo con sus actividades.** Tal vez recoger a sus hijos del colegio, llevarle la merienda un par de días o hasta pasar a la tintorería puede ser de gran ayuda para quien se encuentra paralizado por su pena. En el duelo, hacer es querer. No le digas «Lo que se te ofrezca»; compártele de lo que cocines, pásale links de pódcast (*Después de la pérdida* es una gran opción, digo yo), llévale libros o hazle un resumen de ellos. Cuando estamos en duelo, parece que nos movemos en cámara lenta y todas nuestras actividades nos toman mucho tiempo para llevarlas a cabo. Toda ayuda es bienvenida.

Hay que evitar decir frases como las siguientes:

- Estás exagerando.
- No llores.
- ¡Pero si es solo un perro!
- Gatos hay muchos, agarra otro de la calle.
- ¡Pero si nada más era un animal!

- Ni que fuera un familiar tuyo.
- Los animales no tienen alma, no van al cielo.

Si no es algo amable, simplemente no lo digas. Piensa antes de hablar.

Aprovecho para aclarar que la palabra *animal* viene del latín *anima*, que significa «principio de vida» y está relacionado con el alma. El amor de una mascota es profundo, sin complicaciones, incondicional, y siempre está dispuesto a perdonar.

Es irónico cómo los animales de compañía pueden meter caos en nuestra vida y a la vez nos calman como ningún humano puede hacerlo. Son una fuente de paz. Unen a la familia y son como ángeles de cuatro patas.

Tratar de animar a un doliente puede resultar contraproducente, solo lo hará sentir incomprendido. Sin embargo, los cuestionamientos no solo vienen de afuera, tú mismo puedes estarte preguntando si no estás sacando este dolor de contexto, si no es demasiado. Esos cuestionamientos no solicitados (propios o externos) no sirven para nada. Es un duelo poco aceptado o poco valorado que no hace justicia al apego emocional que sentimos por el ser que partió. El dolor es el dolor.

Qué *sí* decirles tanto a los niños como a los adultos en duelo

- Está bien estar triste.
- Puedes hablar conmigo.
- Te escucho.
- ¿Quieres platicarme cómo te sientes?
- ¿Necesitas algo de espacio?
- ¿Quieres contarme por qué lloras?
- Tómate unos minutos, yo te apoyo.
- Respira; si quieres hablar, yo estoy aquí.

Cada uno de nosotros ayudará a su manera y puede serte útil recordar el lema de la tanatología: «Consolar siempre, aliviar a veces, dañar nunca».

Qué te conviene hacer si estás en duelo

- Moverte.
- Estar cerca de la naturaleza.
- Conectar con otros dolientes.
- Meditar.
- Recordar momentos lindos.
- No autocompadecerte.
- Escribir lo que sientes y piensas.
- Experimentar cosas nuevas: una actividad diferente, un *hobby*, algo artístico.

Qué *no* hacer

1. Salir corriendo a adoptar o comprar otra mascota tratando de llenar huecos. Es bueno considerar la posibilidad de adoptar una nueva mascota, aunque ninguna remplaza a otra. Abrir nuestro corazón a un nuevo compañero cuando nos sintamos preparados puede ser una forma de canalizar nuestro amor y brindar un hogar a otro ser que lo necesita. Tú decides si quieres otro animalito o no, aceptando ahora que en la vida tendremos muchas pérdidas que enfrentar. Todo a su tiempo.
2. Evadirte por medio del consumo de alcohol o drogas; los caminos de evasión jamás serán vías de afrontamiento.
3. Aislarte. Sé que crees que nadie puede entenderte, pero te aseguro que sí.
4. Evita los parques, tiendas de animales y lugares donde sabes que verás a muchos animales felices y sanos, eso solo recrudecerá la injusticia que sientes.
5. No hagas como que nada pasó, porque todo pasó. Negar los sentimientos no los desvanece, sentirlos sí. La única manera de salir del dolor es a través del dolor.
6. No te encojas cuando deberías estar parado derechito. Mantente firme en lo que tú crees, aunque esa no sea la postura más popular. A

veces sentimos la necesidad de justificar todo lo que hacemos o sentimos, y hasta nos mentimos para acreditar nuestro dolor.

Qué necesitas cuando estás pasando por un proceso de duelo

Las personas solo se centran en cómo debe de ser un duelo, cómo se ve de fuera y cuánto debe durar. Eso no es lo importante, sino lo que tú necesitas:

1. Rodéate de una comunidad, personas que puedan apoyarte. El duelo tiende a aislarnos.
2. Conexiones continuadas. Tu amor por quien se ha ido no se acabó, no para. Decir su nombre y compartir recuerdos te ayudará a sanar.
3. Tu duelo no te define. Crea un legado para honrar este duelo. Puede ser un centro de ayuda, una fundación, una campaña de donación, etcétera. No te pierdas en este duelo, no es quien tú eres.
4. Trátate como a tu mejor amigo. Sé paciente y pide ayuda directamente si la necesitas; no esperes que otros se den cuenta o te la ofrezcan.
5. No te compares. La comparación es muy dura en el duelo. Cada quien sana así como cada flor florece en su propio momento y no cuando lo hacen las otras.

6. Cuenta tus logros. Puede que por el momento te sientas derrotado, pero levantarte ya fue un logro, tomar una clase de yoga es un logro. A las personas no les gusta escuchar que hay ganancias en la pérdida; les hace mucho ruido pensar en haber obtenido algún beneficio por la ausencia de un ser amado. Por eso me gusta medirlo más en logros que en ganancias.

¿Entierro o cremación?

Antes del último adiós, de ser posible, podrías hacer alguna de las siguientes cosas:

- **Llevar a tu mascota a su lugar favorito.** Es una hermosa forma de irse de esta vida con los ojos llenos de lo que ha amado.
- **Darle su comida favorita.** Un último postre, galleta o premio es un cierre dulce en lugar de solo medicina.
- **Despídanse en familia.** Por doloroso que pueda parecer, estar juntos es consuelo para el que se va y para los que se quedan.

Recomiendo ver la película *Marley y yo*, donde se maneja perfectamente el tema de la despedida a un animal de compañía en familia. Ellos saben distinguir nuestros estados de ánimo; así que no traten de fingir, díganle su sentir. Denle su último recorrido en vida, pídanle perdón si sienten que en algo fallaron y armen un cofre de recuerdos con fotos, su plaquita, su collar y sus juguetes favoritos. Acarícienlo mucho, como si quisieran guardar en sus manos el suave tacto de su pelo. Háblenle en tono bajo y lleno de amor, que sienta que están ahí. Además, pueden hacer videollamada con los familiares que no puedan estar presentes.

Siempre existe la posibilidad de elegir qué hacer con los restos mortales de tu mascota. Tal vez antes de que eso suceda alguno de los miembros de la familia o tú mismo necesiten pasar un tiempo a solas con su animalito querido para darle el último adiós. Son momentos muy íntimos de despedida que aconsejo totalmente. Con el tiempo, todos agradecemos habernos despedido de nuestro ser querido, aunque en el momento sea desgarrador hacerlo. Esto no es algo a lo que deban obligarte ni se debe forzar a los niños a hacerlo, pero si ellos lo eligen, sería buena idea que un adulto confiable los acompañara en todo momento.

Puedes elegir una cremación masiva, una particular o un entierro. Es muy impactante para cualquiera presenciar un entierro, por ello es importante estar preparados, advertirles a todos lo que verán y recordarles que ya no es tu amigo querido el que está ahí recibiendo palas con tierra, sino el estuche solamente. Lo que le pasa al cuerpo no le pasa al ser.

Debes informarte dónde está permitido enterrar a una mascota, no es que sea en sí un delito, pero si quieres evitar problemas, debes hacerlo en cementerios para mascotas autorizados. En México no puedes hacerlo en tu jardín o en el de un amigo, y en España, por ejemplo, está prohibido hacerlo en un bosque.

Hay urnas ecológicas que dan la oportunidad de que las cenizas de nuestro animal de compañía se conviertan en un árbol y podamos plantarlo en nuestra casa y recordarlo de una manera muy especial.

Tienes la opción de esparcir sus cenizas en un lugar que amaba o conservarlas en una urna en casa. Hay cementerios para mascotas en los que les ponen una plaquita con su nombre y fechas de nacimiento y muerte. Hay empresas que, de las cenizas de nuestro animal de compañía, pueden hacer un collar para que lo lleves contigo. Hay también quien hace peluches a partir de su fotografía para que conserves una réplica casi idéntica de él. No se nos olvide que la muerte también es un gran negocio. Haz lo que resuene en ti y te dé un poco de paz.

Al igual que con los humanos, se pueden hacer servicios memoriales para las mascotas. Hay muchas maneras de hacer un homenaje de su vida. Uno muy socorrido es el de hacerte un tatuaje en su honor. Desde su carita, su huella, su nombre o plaquita. Solo te pido una cosa: no te tatúes algo relacionado con su muerte, como su fecha de defunción. Conéctate más con su vida, ya que lo más importante que hizo fue amarte, no morir.

Conocí a un chico que, cuando murió su gato, que estuvo con él 11 años, decidió tatuarse su fecha de muerte y una calavera con cara de gato, y le preguntó a su tatuador cuál era el lugar del cuerpo donde más dolía hacerse un tatuaje. No solo quería conservar un recuerdo de un momento doloroso, quería que le doliera hacerlo. Eso pasa con frecuencia: algunas personas buscan generarse dolor físico (*cutting*, por ejemplo) para distraerse un poco del dolor emocional. Pero ni el dolor físico ni el emocional (el sufrimiento) deberían ocupar el lugar que le corresponde al amor.

> **Los perros nunca mueren,**
> **duermen junto a tu corazón.**
>
> **Ernest Montague**

Pone muy nerviosos a los familiares y amigos que no te recuperes pronto de una pérdida así, ni te reincorpores de inmediato a una rutina. Las personas tratan de que olvides y continúes. El proceso de duelo no es un proceso de olvido. Es un camino para recordar con más amor que dolor.

Abandonemos la necedad de querer hacer escalas de pérdidas, decir cuál duele más que la otra. Competir y comparar solo te hará daño. En el duelo, el que gana (el que tiene la peor pérdida) pierde.

En algún momento tendremos que dejar ir el dolor. El amor nunca se irá de nosotros, pero debemos dejar la tristeza atrás. Es poco a poco, un día a la vez. Volverás a dormir una noche completa, a desear acariciar a un gato o perro cuando lo veas. Hablar de tu animal de compañía con personas que puedan entenderte ayudará mucho. Si la depresión persiste, por favor, consigue ayuda profesional para poder darle un cierre al proceso.

El vínculo es tan fuerte que su presencia puede ser un motivo para vivir, y su ausencia, una causa de depresión y sin sentido. Las emociones siempre serán una brújula que nos indica hacia dónde caminar. Cuando se trata de los animales, el andar siempre debe ser hacia el amor y a honrar su paso por nuestra vida; han venido a convertirnos en mejores personas, y su razón de estar en nuestra vida es llenarla de luz. No nos quedemos en la oscuridad una vez que cumplieron su misión y partieron; así no los honramos bien.

Uno de los obstáculos más difíciles de enfrentar en el duelo por la pérdida de un animal de compañía es la falta de comprensión por parte de miembros de la familia, amigos, compañeros de trabajo o vecinos. Para quien no ama a los animales (lo cual no significa que les desee ningún mal), es difícil entender la magnitud de esta pérdida, porque la consideran sustituible y, de alguna forma, elegida.

Es cierto que nosotros adoptamos o rescatamos a nuestro ser querido... al igual que cualquier persona se enamora, conoce, o entabla amistad con otro ser humano. El que tú lo hayas elegido en nada minimiza la dimensión del dolor.

Conectarnos es arriesgarnos, un riesgo que vale la pena tomar. Por eso el que no entiende este dolor tampoco ha vivido este amor, y eso merece respeto y piedad de nuestra parte. Un animal de compañía nos dignifica aceptando nuestros mimos y atenciones, aporta belleza a nuestra existencia y nos aviva el deseo por ver crecer a alguien y llevarlo a la adultez. Es pequeño, inocente y despreocupado, lo que invita a los humanos a sacar su mejor versión para ayudarlo a sobrevivir un mundo lleno de peligros.

Vivimos en sociedades evitativas de dolor. Le damos la vuelta a todo aquello que huela a tristeza o añoranza, pero eso no consigue desaparecer los sentimientos.

Parte de mi llamado vocacional es compartirles lo que he aprendido del duelo a lo largo de estos años atendiendo usuarios. Ellos han sido mis verdaderos maestros del dolor, de la igualdad y de las necesidades del doliente.

Perder a un animal de compañía es muchas veces perder a tu alma gemela. Por eso este duelo es único, profundo y persistente. Dicho sea de paso, no creo que tengamos solo *un* alma gemela: en cuestión de empatía y polaridad podemos ser trillizos o cuatrillizos en esta vida.

«De la conexión viene el interés, del interés viene el conocimiento, del conocimiento viene la preocupación y de la preocupación viene el cambio». Esta frase la encontré escrita en un muelle justo cuando caminaba mientras meditaba acerca de cómo tocar la conciencia de aquellos que no sienten empatía por el duelo por la pérdida de una mascota. Lo minimizan y desacreditan al compararlo con la pena de perder a un ser humano querido. No es lo mismo, estoy de acuerdo... porque cada dolor es único.

Pero si el amor es real, el dolor también lo es. Dejemos de decir «Es solo un animal», porque un animal es mucho.

Quiero describir una aproximación de lo que se siente perder a un compañero del alma, es decir, a alguien que no lleva tu misma sangre, con quien no compartes apellido ni ADN, y, sin embargo, están tan unidos, disfrutan y hacen tantas cosas juntos que perderlo te hace cuestionarte cómo vas a poder salir de ese dolor. Parece que hubiera muerto tu gemelo, pero uno del cual tú eras responsable. Se mezclan la culpa, el dolor y la tristeza, y pareciera que no hay palabras escritas o pronunciadas que puedan sacarte de esa devastación.

Este compañero del alma era alguien con quien compartías enorme afinidad, con quien tenías una fuerte conexión; un amor a primera vista que fue volviéndose más y más fuerte con el tiempo. No era un ser con quien todo fluía siempre perfecto; tal vez les tomó tiempo sincronizarse y entenderse, porque un alma gemela siempre te reta y desafía. Te lleva a descubrir cuánto puedes aguantar, tu nivel de sacrificio y tu capacidad de dar amor incondicional. De seguro existieron días en que no le hiciste tanto caso, que bajaste apurado y ni los buenos días le diste. Así son las relaciones más cercanas. O, como digo a veces: la confianza apesta. Tenemos el pensamiento mágico de que aquellos a los que amamos estarán ahí para siempre.

Finalmente, el propósito de un alma gemela es sacudirte, hacerte vivir, así que no que te desmorones al perderla ni pienses que la vida sin ella ya no tiene sentido. Una vez más, para quien nunca ha experimentado un amor así puede resultarle complicado entenderlo. Tal vez lo tache de codependiente o enfermo, pero en realidad es como perder al ser que te completa, aquella mitad de ti que sacaba a flote tu mejor versión.

El más rudo es tierno con una mascota, el más débil se vuelve valiente por defenderla, el tímido se desinhibe ante su presencia. Perder duele. Es como un pie que se te congela dentro del zapato y duele a cada paso, como una costilla rota que nadie nota, pero duele en cada respiración que das. Un dolor así es un viento patagónico que te hace perder el equilibrio, que te empuja, desestabiliza y aterra al mismo tiempo. Te recuerda lo frágil que eres, lo fácil que es para la vida tambalearte y tumbarte si quisiera. Pero no quiere, la vida solo hace su trabajo y la muerte es parte de él. Los ciclos se cumplen y la vida de quien falleció se acaba, más no así la vida de quien se queda a extrañarlo. Al recordar la paz y calma que sentías a su lado, la vida parecía más hermosa entonces. A eso se le llama sentido de pertenencia y amor profundo.

Cuando sucede, te duele el cuerpo, como si hubieran estrellado tu corazón contra el piso y se hubiera hecho pedazos. Te cuesta respirar, como si estuvieras en medio de un vendaval que te confunde y hace que te duela el pecho. Cada intento por respirar profundamente te quiebra con unas ganas inmensas de llorar. Te cayó encima un mal tiempo para el que no estabas preparado, un frío inesperado te sorprendió sin chamarra ni el equipo necesario para soportarlo. No importa cuánto tiempo llevaras temiendo o viendo venir este desenlace, pues siempre te agarra por sorpresa. El ser con el que solías ser más vulnerable y frente al que te mostrabas sin disfraz alguno se ha llevado toda tu fuerza y capacidad de raciocinio. Este dolor solo se siente, no se razona. Se estaciona sobre ti como una gran nube gris que no permite pasar los rayos del sol.

Duelar es una mezcla de emociones y pensamientos que cambian minuto a minuto. Se nos olvida que, durante el atardecer, son precisamente las nubes las que hacen que el paisaje cambie a cada instante, jugando con la luz y las sombras. Así en la naturaleza como en la vida.

Las personas que han perdido a un animal de compañía afirman que este duelo es diferente a cualquier otro que hayan experimentado antes por pérdidas anteriores.

Así lo he escuchado en el consultorio:

- «Sentía un enorme vacío, una devastación total».
- «Me sentía fracturado».
- «No era solo mi mascota, era mi mejor amiga».
- «Es un dolor que no puedes sacar a gusto. Nadie te permite mostrarlo».

Con el tiempo, con una buena red de apoyo y si se cuenta con un tanatólogo, la pena se irá suavizando y podrás encontrarle un nuevo significado a la vida. Duelar es sanar.

Escribir y hablar son formas igualmente válidas de gestionar tu dolor. Si no lo has compartido aún, te invito a responder tres preguntas para que tú mismo vayas acomodando las piezas de este difícil rompecabezas llamado duelo.

1. ¿En qué forma consideras que la relación con tu animal de compañía era un encuentro de almas?
2. ¿Se volvieron compañeros con el tiempo o fue una conexión inmediata?

3. Si pudieras decirle una sola cosa a tu compañero de vida que hoy no está, ¿cuál sería?

Casi puedo adivinar que la respuesta a la última pregunta fue **GRACIAS o TE QUIERO**, porque, al final, lo que cuenta es lo vivido, lo compartido y lo amado. Esa es nuestra victoria sobre la muerte, porque nadie puede arrebatarnos eso, ni siquiera ella.

Me parece que algunas cosas no pueden explicarse desde la teoría, sino desde la vivencia, por eso, en esta ocasión quiero compartir mi vivencia personal y la de mi familia ante la pérdida de una mascota. De esta manera, entenderán que hay empatía en mis palabras y no solamente estudios y conocimiento acerca de la materia.

Mis hijos crecieron con una perra hermosa llamada Guetti. Le pusimos así porque el platillo favorito de mis hijos era el espagueti y porque la mamá era una labradora dorada de origen italiano. Así que el nombre nos pareció muy adecuado. Desde esa elección comienza una conexión muy especial con quien será tu compañero, en este caso por diez años.

Guetti creció junto con mis hijos jugando, corriendo, haciendo travesuras y aprendiendo. Era sin duda, la más obediente de todos; una perra muy inteligente, muy hermosa que sabía perfectamente cuando no entrar a la sala, cuando no comerse las botanas para los invitados, y cuando estar ahí con nosotros viendo la televisión echada bajo nuestros pies.

Un día descubrimos que tenía una bola, un poco grande, en el costado derecho, que no habíamos notado al cepillarla, la llevamos con el veterinario y nos dijo que parecía ser cáncer. Era un tumor y tenía que hacer una biopsia para saber de lo que estábamos hablando. Esa biopsia se transformó en una cirugía bastante invasiva, porque, en efecto, era cáncer. La operamos, padeció muchísimo con su cono de la vergüenza y tuvimos que cuidarla para que no se lamiera la herida, pero al poco tiempo volvió a emerger otro tumor, esta vez en su carita, y así siguieron saliéndole tumores.

La calidad de vida de Guetti bajó muchísimo. Tenía comezón, se rascaba contra la pared hasta sangrar. Una vez encontramos una escena de guerra: todas las paredes manchadas de sangre y Guetti echada, agotada después de tanto esfuerzo. Entendíamos que seguir adelante era difícil, ya que era una perrita mayor y no estaba en condiciones de aguantar quimioterapias, ni radiaciones, ni tratamientos muy invasivos.

El verdadero amor que nos enseña la tanatología es el de dejar ir, soltar; así que tratamos de darle calidad de vida a Guetti, muchos apapachos y cariño, pero un día después de haberle dado uno de los medicamentos para el dolor, se le generó una gastritis erosiva. Tanto medicamento le había molestado el estómago y, ahora sí, tenía mucho dolor, mucha incomodidad y su temperamento empezaba a cambiar.

Tengo que confesar que un par de veces me dio miedo que fuera a morder a alguno de nosotros, porque ya no estaba siendo la perrita dulce y cariñosa que amábamos. El dolor la estaba transformando. Llamamos al veterinario para que fuera a verla a la casa y nos dijo que había llegado el momento de qué tuviéramos piedad y la dejáramos partir, así que tuve que hablarle a mi hijo mayor que estaba en su trabajo para decirle que había llegado el momento y teníamos que ayudar a Guetti a descansar.

Era un 28 de diciembre, día en el que en mi país se celebra a los santos inocentes y se suelen hacer bromas al respecto. Por ello, no me creyó al principio, y me dijo: «No es cierto, ¿verdad?», pero por supuesto que era cierto. Salió corriendo del trabajo y llegó a casa. Él fue el que más tiempo convivió con ella desde muy pequeño y le propuso ir a dar un último paseo en la que ha sido su casa. Así, vi a mi hijo y a mi perro hacer un esfuerzo extraordinario. Mis tres hijos caminaron con Guetti con la correa puesta, quien se levantó y caminó. Mi hijo hizo una referencia a una película que nos gusta mucho, *Gladiador*. Se volteó y le dijo: «Guetti, fuertes y dignos», y así caminó Guetti por nosotros, dándonos una muestra inequívoca de que los animales son capaces de todo por sus tenientes, por su familia, por sus mejores amigos.

Después de eso la subimos al carro y fuimos a la veterinaria donde los doctores, con mucha paciencia, nos dejaron entrar a todos. Estuvimos presentes mientras le ponían una especie de suero en su patita, por donde iban a pasar los medicamentos, primero un tranquilizante y después otro, para que poco a poco entrara en un sueño profundo. Todo el tiempo estuvimos con ella, sosteniéndole su patita, acariciándola, y aunque había mucha tristeza en nuestro corazón, también había mucha fuerza y determinación, porque ya no queríamos verla sufrir. Una vez que terminó el procedimiento y que vimos que Guetti sacaba su lengüita de lado y que toda la tensión en su cuerpecito se liberó, el veterinario nos dijo que había fallecido. La envolvimos en la cobijita que llevábamos y la subimos al coche con nosotros.

El papá de un amigo de mi hijo nos había prestado su jardín para que pudiéramos enterrarla ahí. Sé que esto que te cuento puede parecer extremadamente duro, pero ayudó mucho al proceso de duelo que todos tomáramos una pala para cavar el espacio donde ella reposaría. Cuando ya estaba suficientemente profundo, depositamos su cuerpecito, echamos encima un poco de cal, uno de sus juguetes favoritos, algunas flores y, por último, empezamos a cubrirlo con tierra. Mi segundo hijo, que amaba también a Guetti, se quedó un poco impresionado porque vio su ojito abierto y tenía mucho miedo de que le entrara tierra. En el momento no se atrevió a decirme nada, me lo dijo después y pude aclararle que Guetti no tenía ya ninguna sensación.

Mis tres hijos lloraron, los cinco nos abrazamos y vivimos ese momento con profundo dolor y muchísimo respeto. Ese lugar en casa de nuestros amigos sigue siendo muy especial para nosotros; lleno de cariño, ha florecido maravilloso el árbol que está al lado, y guardamos el momento en nuestra memoria como algo que vivimos en familia.

Dejamos pasar mucho tiempo, incluso hoy lo pienso demasiado antes de volver a tener otro perro en casa. El adiós es muy difícil, pero ¿te digo algo? Guetti valió cada uno de esos momentos. Te comparto a continuación una foto de ella como recuerdo, porque aún ahora, años después de su partida, la seguimos recordando, y ocupa un lugar en nuestra familia.

Lo más importante en el duelo es que escuches tu propia voz, mucho antes que la voz de un experto, la voz de la familia o las de los amigos, porque aquí el experto en tu duelo eres tú; nadie puede saber a ciencia cierta lo que ese animal de compañía significaba para ti. Para algunos, es solo un animal, una especie de juguete viviente, un ser al que, sin desearle ningún mal, tampoco lo consideran parte integral de la familia. Para ti, puede haber sido tu hermanito, tu hijo, una especie de compañero, tu mejor amigo. Escúchate a ti primero.

¿Qué perdiste al perderlo?

Te invito a que hagas una lista de todo lo que perdiste al perder la presencia y compañía de este ser amado. Puedes haber perdido a quien te escuche, a quien te acompañe, a quien te haga sentir seguro, a quien te lleve a pasear; porque en realidad creo que es así, que nosotros no los sacamos a pasear, sino que ellos nos obligan a pausar nuestra ajetreada jornada para caminar un ratito, para que nos dé el aire, para levantarnos de la cama. A lo mejor perdiste a la compañía que era tu escudo, tu pantalla frente al mundo para que no te vieran solo. Cuántas personas no se atrevían a ir a un restaurante y sentarse a pedir algo porque estaban solas, y ahora, yendo con su perro, se sienten acompañados y no creen que los demás vayan a decir: «Pobrecita o pobrecito, está solo». En realidad, en las grandes ciudades, nadie dice nada, todos estamos demasiado preocupados viéndonos el ombligo como para levantar la vista y pensar en el otro.

Una vez hecho este ejercicio, también quiero que hagas una nueva lista donde pongas qué ganaste al perderlo. Sé que esto puede hacerte mucho ruido con solo pensarlo, pero toda pérdida, absolutamente toda pérdida, trae consigo ganancias. Pudiste haber ganado que ya no sufra, que esté bien, que ya no tengas el pendiente de que algo pueda pasarle. Aunque no hubieras querido su deceso, ahora tienes una libertad que a lo mejor antes no tenías; porque si tu mascota estaba enferma, estabas muy al pendiente para darle las medicinas, a lo mejor no salías de casa. También tenemos que reconocer el gasto extremo que representa tener una mascota: la pensión donde la dejamos si salimos de viaje, el alimento, las vacunas, la atención, la estética..., en fin, no es dinero que te querías ahorrar.

Estoy consciente de que lo ganado no te alcanza para lo perdido, es decir, siempre preferirías tener a tu amigo contigo en lugar de cualquier ganancia que su partida pudiera dejar, pero seamos prácticos: ya no está y no puede volver, así que tienes que empezar a ver las pequeñas ventanas que se abren tras su partida.

Tenemos un proceso por delante, así que es muy importante que hagas una nueva lista. Verás, yo soy muy amiga del papel y la pluma. En esa lista escribe cómo te sientes. Encuentra por lo menos diez adjetivos que describan cómo estás, no te conformes con un «mal», porque es demasiado amplio; descríbeme ese mal, dame metáforas, dime cómo lo sientes, si lo sientes como un hoyo en el estómago, como un puñal clavado en el corazón, como el peso del mundo sobre tus hombros..., entre más claro y descriptivo seas con respecto a tu dolor, mejor sabrás afrontarlo. Leíste bien, *afrontarlo.* No dije *enfrentarlo* porque no nos vamos a pelear con el dolor; le vamos a meter la cabeza de frente: el lóbulo frontal, para llevar el duelo de una manera inteligente. Si tú eres una persona creativa, puedes vivir un duelo creativo; si eres una persona sensible, vivirás un duelo sensible; pero si eres inteligente, no tienes por qué vivir un duelo tonto, sería como pedirte que entraras al mar y, sabiendo nadar, se te olvidara lo aprendido y te dejaras arrastrar por la primera ola.

Tú vas a poder vivir este duelo, pero crees que no, y los primeros días, las primeras semanas, el abatimiento será total. Creerás que nunca volverás a ser feliz, pero te lo prometo, y te pido que creas en mí, que uno sobrevive la muerte de un ser querido. La mejor manera de honrarlo es volviendo, poco a poco, a sonreír, a ser feliz y a disfrutar las cosas que hacían juntos.

Como toda herida, necesita un proceso de cicatrización. Necesita tiempo y tareas concretas en el duelo que te ayuden a sanarla.

Entre las tareas del duelo por la pérdida de una mascota, primero hay que deshacernos de todo medicamento que tengamos en casa que haya estado tomando, así como cualquier soporte que haya tenido (quizá un carrito para poder caminar). Todo eso hay que donarlo. Hay otros perros allá afuera que no tienen la fortuna del tuyo, muchos otros gatitos que no pueden disfrutar de ese alimento tan bueno que a ti te sobró y que ahora está guardado en casa. Comparte en nombre de quien se ha ido. Para hacer esas donaciones, hay varias fundaciones que se abocan al cuidado de los animales en situación de calle, y que posteriormente los dan en adopción, pero sobre todo los rescatan de situaciones muy tristes.

Hemos terminado con las listas. Ahora, ya que sabes lo que perdiste, ya que sabes las pocas ganancias que hay y que existen, ya que sabes cómo te sientes, vamos a empezar a trabajar.

No te descuides físicamente, porque alguien que no come bien, no duerme bien y no hace ejercicio, no tiene lo que se necesita para enfrentar esta pérdida. El duelo es como un maratón y para él te entrenas y te preparas, no te levantas una mañana de buenas a primeras y lo corres. Necesitas una preparación previa a la pérdida. A veces se va dando cuando vemos a nuestra mascota envejecer o enfermar, pero en las muertes repentinas o muertes por accidente, no tenemos esa preparación, así que los primeros días después de la pérdida consisten en hacerte a la idea y entender que se viene todo un proceso. Habrás de afrontarlo con todo el corazón, armado con los buenos recuerdos que te dejó. Nadie podrá borrar de tu corazón el tiempo compartido.

Si ya le hicimos caso al cuerpo y el cuerpo está bien alimentado —aunque no tengamos hambre, acuérdate de que las ganas no alcanzan para la vida—, necesitamos disciplina. Si ya comimos, ya dormimos y nos mantenemos activos, ahora hay que cuidar la mente, porque en el duelo puede ser nuestra mejor amiga o nuestra peor enemiga.

Si te estás recriminando, si te llenas de arrepentimiento, si saturas a tu mente de «Hubiera» y «Debí de», te convertirás en un juez severo y no podrás avanzar en tu duelo sin cadenas que te aten a seguir en el dolor. Te pido que siendo tu mejor amigo reconozcas que hiciste lo mejor que pudiste, y que también aprendiste, porque yo afirmo de manera contundente que, si aprendiste, no perdiste.

Nuestros seres amados, todos los que se cruzan por nuestra vida, vienen a enseñarnos cosas y si nosotros nos quedamos con esa lección, aunque no tengamos su presencia, siempre contaremos con su amor, y los recordaremos como los grandes maestros que fueron.

Hay tres frases que quiero que conserves en tu mente como mantras ancla que te ayudarán sobre todo en esos primeros días. Aunque no estés muy convencido de ellas, te pido por favor que las repitas. Al menos escoge una y afiánzate en ella, créemelo, tengo muchos años de ejercicio profesional y nunca te mentiría al respecto.

- **Frase número uno:** «Voy a poder con esto, no sé cómo, pero sé que lo haré y voy a poder recordar con más amor que dolor».
- **Frase número dos:** «Haberlo tenido vale la pena. Si este es el precio que tengo que pagar, lo pago, porque lo bueno cuesta, y su compañía y su cariño es de lo mejor que me ha pasado en la vida. Estoy dispuesto a pagar el precio».
- **Frase número tres:** «Se murió mi ser amado, pero no se murió mi capacidad de amar; el corazón está roto, pero aun roto late, y volverá a abrirse para que le quepan otros seres, otros amigos, que seguirán engrandeciendo mi vida».

Recomendaciones generales para vivir este proceso

Somos lo que comemos, así que te pido que no comas mucha azúcar refinada, y si puedes eliminarla, mejor, porque está comprobado que el azúcar refinada que está en galletas, pan dulce, pasteles, helados, chocolates y alcohol alimentan nuestra tristeza. Consumirlos no nos va a curar, solo nos va a embotar, y nos sentiremos peor. Elige fruta, verdura, proteína y una alimentación sana y no demasiado cargada en harinas ni cereales que te hagan sentir pesado. Necesitamos ligereza en el cuerpo para poder trabajar las emociones.

Te recomiendo también que cuides mucho las compañías con las que te relacionas, los comentarios de los demás en un momento tan susceptible de tu vida pueden ser como jugo de limón en una herida. Elige muy bien quién merece tu dolor y quién no. No lo cuentes a todo el mundo y no esperes empatía de todos los demás, mejor piensa en todos los cuidados que tú mismo tienes que proporcionarte.

Descansa, es fundamental en el duelo, tal vez nunca has dormido siestas, pero ahora necesites una al día para recuperar un poquito de fuerzas. Trata de acostarte temprano, de no desvelarte y de tener un sueño reparador. Dile a tu mente por la noche que sueltas todos los pendientes, los problemas y las personas; déjalos en la mesita de noche, escritos en una libreta, y al día siguiente retómala para seguir adelante. Necesitas dormir, pues nunca has requerido pensar con tanta claridad como ahora, así que descansa, para que tu mente esté bien oxigenada; tu cerebro, despejado, y puedas darte cuenta de que la muerte de un ser querido no te mata.

Otro punto muy importante es el ejercicio. Necesitas mantenerte activo para generar esas mismas hormonas de bienestar de las que hablamos anteriormente, las que generabas al acariciar a tu mascota. Haciendo ejercicio, llegarás físicamente agotado en la noche para que puedas descansar. En cambio, si el cuerpo no se movió y el cerebro no paró en todo el día, llegarás mentalmente agotado a poner la cabeza en la almohada y no resultará en un sueño tan reparador como el que necesitas ahora.

Te recomiendo llevar un diario de agradecimiento. Sí, justo ahora, cuando sientes que puedes maldecir todo, es el mejor momento para bendecir. Agradece haber tenido a tu mascota, y agradece todos los días las pequeñas cosas que tienes. Por ejemplo, si tu mascota perdió su salud, valora la tuya, porque sin salud no tenemos nada; de este modo, puedes agradecer por el aire que respiras, por el ejercicio que hoy puede hacer tu cuerpo, por el rango de movimiento que tienes, porque no te cuesta tanto trabajo levantarte de una silla, etc. Inspírate en lo que ese pequeño maestro te enseñó acerca de la vida, la salud y el cuerpo. Agradece también por las personas que tienes contigo, los buenos momentos del día, el agua que puedes tomar y el alimento que le cae bien a tu cuerpo. Es verdad que la salud lo es todo, y cuando creemos que no tenemos nada por lo que estar agradecidos, podríamos empezar contando los dedos de nuestros pies y ahí ya tendríamos por lo menos diez motivos de agradecimiento. La gratitud es una fuerza vibratoria muy alta y eleva la nuestra durante el duelo.

Es importante que seamos positivos, que estemos echados para adelante, porque si estamos totalmente volcados al pasado, podemos caer en depresión, y si nos vamos demasiado al futuro, estaremos viviendo con ansiedad. Necesitamos una combinación de un presente consciente y la vista al frente, creyendo que lo mejor puede estar por venir. Quita de tu mente y de tu corazón la sensación de haber sido traicionado por la vida: «Es que yo pedí tanto que no muriera», «Es que, ¿por qué? No es justo, era tan bueno», «¿Qué hice mal para merecerme esto?». Nadie te ha traicionado porque nadie te prometió nada. Cuando llegó a tu vida tu animal de compañía, nadie te dijo que se quedaría por siempre, ni siquiera que viviría más que tú, así que hay que entender que lo vivo muere y que esto no es ni una lección, ni una prueba, ni un castigo. Esto que ha pasado es simplemente la vida. Entre más conozcamos la vida, menos nos pelearemos con ella.

En el duelo, hay un momento para ver fotos y un momento para tenerlas guardadas, eso lo determinarás tú. ¿Qué tanto duele en este momento ver fotografías o videos? Si te desgarra el alma, no lo hagas, escúchate a ti mismo, escucha tu cuerpo y sigue adelante, un día estarás listo para volver a ver esa fotografía tan hermosa, esos videos, y para sonreír en lugar de llorar. Yo sé que fotografiamos los buenos momentos; nadie se toma fotos cuando está enfermo o cuando hay una patita rota con un yeso. Al contrario, tomamos fotos de las vacaciones, los cumpleaños, los paseos, porque son los momentos que queremos recordar, porque el alma también vive de recuerdos. Son dulces memorias de lo afortunados que hemos sido y de lo mucho que hicimos juntos.

Cuando estemos pasando por momentos de arrepentimiento y digamos, por ejemplo, «Es que no me despedí de él», yo te diría que completes la frase con *ese día*, porque *ese día* no te despediste de él, pero muchos otros sí. «Es que no le di la galleta que tanto quería, *ese día*, pero otros días sí, muchas veces sí». No seamos injustos viendo todo lo que nos faltó hacer y olvidando todo aquello que sí hicimos.

Te recuerdo que lo más importante no es quién le cierra los ojos a tu mascota, sino quién se los mantuvo abiertos y ese de seguro fuiste tú. Una canción de C. Tangana dice: «Antes de morir, quiero el cielo», y el cielo en esta tierra fuiste tú para tu animal de compañía.

Quiero ponerte un ejercicio que sé que te ayudará muchísimo. Se trata de una carta para cerrar ciclos con alguien; pero, ojo, cerrar ciclos no significa olvidar, yo jamás querría que olvidarás a tu ser amado. Yo quiero que puedas recordarlo, pero en la justa proporción, sin que haya culpa ni arrepentimientos, que se haya dicho todo.

Esta es una carta que hay que escribir a mano. Debe tener fecha y estar dedicada a quien perdiste: «Querido Leo», «Querido Tino», «Querida Nala», según el nombre de tu mascota. Primero comenzaremos con un agradecimiento: «Gracias por...», para que completes todo lo que pienses al respecto; agradécele todo lo que haya traído a tu vida, el centro de convivencia en el que se volvió su compañía, las experiencias, las risas, la ternura, lo que despertó en ti, atrévete a echarte este clavado bien profundo.

La carta se hace a mano porque la conexión entre el cerebro y la mano es muy importante, es muy diferente a que hagas una carta en el teléfono o en la computadora. Aquí vas a verter todos tus sentimientos, así que, si la carta termina siendo de diez páginas, perfecto, no te limites.

Punto número dos. Continúa tu carta con la frase «Perdóname por...». Ha llegado el momento de escribir todas las cosas de las que te sientes culpable, de las que te arrepientes; pide perdón porque este es la cura para esa enfermedad que tenemos llamada arrepentimiento, así que enlista todo aquello por lo que le pides perdón. Ya sabemos que los demás te dirán: «No digas eso, no eres culpable, no es tu culpa», pero no se nos va a quitar el sentimiento de culpa solo porque alguien nos diga que somos inocentes. Este sentimiento se trabaja a partir de pedir perdón, así que expresa todo lo que crees que hubieras podido hacer o dejar de hacer que cambiara el resultado de las cosas, o describe cómo lo tratabas antes, pensando que lo tendrías por siempre.

El punto número tres es *perdonarlo a él o a ella.* «¿Pero de qué?», me dirás. «¿Qué hicieron?». El perdón siempre es una calle de dos sentidos y tienes que perdonar a tu animal de compañía por haberse muerto, por haberse escapado, por haberse enfermado, porque finalmente, aunque no haya sido a propósito, su desaparición, su muerte, su enfermedad, generó muchísimo dolor en ti y probablemente en tu familia, así es que *perdónalo.* Yo incluiría todas las veces que rompió cosas, todas las veces que te ensució con baba, todas las veces que te dejó pelos en tu ropa nueva, todas las cosas pequeñas e insignificantes por las que te enojabas con él y que hoy, ante la dimensión de lo ocurrido, no tienen importancia. «Te perdono por todo».

El punto número cuatro es *decir ampliamente lo que sientes por él,* porque, repito: la muerte no acaba con lo que sentimos por un ser, a veces hasta lo profundiza. Así que dile: «Yo te admiro, yo te respeto, yo te quiero, yo te extraño», etcétera. No quiero poner palabras en tu boca, pero di todo lo que sientes por él. Un antídoto para la depresión es la expresión, así que hay que poner en papel todo eso que sentimos por nuestro ser.

Y quinto y último punto: *dile a-Dios, despídete.* Déjaselo a Dios, a ese poder superior en el que crees o en el que creías antes, y con el que hoy estás un poco enojado, pero confía en dejarlo en sus manos. En vida, mientras fue tu responsabilidad, tú lo cuidaste, tú lo mimaste. Ahora permite que en su trascendencia y en la otra dimensión esté ahí y esté bien hasta que vuelvan a reunirse. Esa es mi creencia más clara, que volveremos a reunirnos con nuestros seres queridos una vez que hayamos fallecido.

Qué vas a hacer con esta carta. De seguro llorarás al escribirla, pero no le tengas miedo a las lágrimas, porque no están agrandando tu dolor, están haciendo un cauce entre todas esas lágrimas saladas para que se vayan y puedas limpiar tu corazón, de modo que estés listo para reír de nuevo. Te recomiendo que una vez que termines esta carta, la leas frente a la fotografía de tu animal en voz alta, porque las cartas nacieron para ser leídas, así que no completarás este ejercicio hasta que no lo hayas hecho. Después puedes romperla, ponerla en un cenicero y quemarla, deja que las llamas conviertan en cenizas todas esas palabras. Cuando se enfríen, puedes ponerlas en una plantita, como un símbolo de que, en lugar de quedarte con algo que te ensucia, lo estás trasmutando en abono; que las cenizas harán que esa planta florezca más bella que nunca, y la expresión de tus sentimientos también te hará florecer a ti.

Es un ritual, y los rituales han acompañado a los seres humanos a lo largo de la historia para hacer cierres y comienzos, para pedir y sentirnos conectados con nuestro poder superior. Es muy sanador, te recomiendo que lo hagas. Eso sí, no guardes la carta, porque entonces en uno o dos meses volverás a leerla y abrirás la herida. Lo que hacemos son pasos firmes hacia adelante, porque hacia atrás ni para agarrar impulso.

¿Vale la pena pasar por todo esto?

Después de haber leído los capítulos anteriores, de seguro te estarás preguntando si vale la pena volver a tener otro animal de compañía o quieres cerrar tu corazón y protegerlo, ponerlo en una vitrina para que no sufra y no padezca ninguno de estos dolores de nuevo.

La respuesta es que vale totalmente la pena y te pongo el siguiente ejemplo. Imagina un dolor de parto, un dolor muy muy intenso y, sin embargo, una mujer pasa a través de él, lo experimenta y, al cabo del tiempo, decide volver a tener otro hijo, ¿por qué?, ¿por qué pasar por todo ese dolor físico otra vez?, ¿que acaso se nos olvida? No, no se olvida, lo que pasa es que el beneficio que obtuviste de ese dolor de parto vale mucho.

Por eso te invito a que hagas de este duelo, un dolor de parto y no un dolor de muelas que simplemente te desmaye, te haga sentir muy mal y no tengas ningún beneficio. ¿Cómo lograr esto?, ¿cómo trasmutar un simple dolor en un crecimiento personal? Entendiendo que cada ser que se cruza por nuestra vida tiene una misión y que nosotros mejoramos su vida y sumamos a su existencia. Una vida que vale la pena vivir es una vida que hizo la diferencia en la vida del otro, porque no somos seres aislados.

Estamos todos comunicados en este gran ciclo de la vida, así que, si su existencia cumplió su misión haciéndote feliz, mejorándote como persona, volviéndote más profundo y empático, has honrado su paso por la vida y alguien honrará el tuyo también.

Tenemos que darnos la oportunidad de parir a un nuevo yo después de perder a un ser. Un yo mucho más fuerte, resiliente, con la capacidad de salir adelante que ni siquiera creías que tenías.

Muchos de mis usuarios llegan diciéndome «No voy a poder con esto», y genuinamente lo piensan, que no podrán, que el dolor acabará con ellos, que los extinguirá, pero con el tiempo, el proceso y las tareas del duelo se dan cuenta de que son más que aquello que perdieron, porque lo tienen integrado, porque los cambió como personas, y porque siempre vivirá dentro de ellos, formándolos: se vuelve una materia prima de nuestro futuro.

Cuando entendemos esto, entonces transformamos ese dolor en un dolor fértil, en un dolor que nos ha dado mucho aprendizaje, crecimiento y profundidad de entendimiento. Yo te invito a que hagas eso, a que te vuelvas más profundo en lo profundo y más superficial en lo superficial y no al revés, porque a veces estamos confundidos y somos profundamente superficiales, y eso no debe ser; las cosas más sencillas, los placeres más comunes y cotidianos son los que luego extrañamos y valoramos. Que la lección que ese gran maestro vino a darnos viva por siempre en nosotros.

Honrar su memoria

Podemos hacer algo especial en su honor, como plantar un árbol, crear un álbum de fotos o escribir sobre los momentos felices que compartimos con ellos. Otra idea es enmarcar su plaquita de identificación con algunas fotos, incluso ponerle al cuadro una leyenda que diga: «Honro el lugar que ocupas en mi familia».

El amor nunca se va, pero prescindir de sus manifestaciones de afecto, su belleza y gracia nos afecta muchísimo.

Dicen que, si tienes suerte, tendrás un gran perro en tu vida. Habrá otros que cumplirán su misión bien y en forma, pero siempre estará ese perro o gato especial que ninguno podrá remplazar. Ese que te seguirá haciendo llorar sin importar cuantos años hayan pasado desde su partida. No viviremos lo suficiente como para olvidarlo.

Cuando nuestro animal de compañía finalmente parte, el vacío que deja es enorme. Sus huellas están en cada rincón de nuestro hogar, en nuestra rutina, en nuestro corazón. Físicamente ya no están, pero el amor que compartimos con ellos nunca desaparece y, de hecho, ayuda a sobrellevar el proceso. La pérdida de un ser querido no te debilita, te fortalece, pero eso lo comprendemos con el tiempo. Ten paciencia contigo, ya que en estos momentos necesitas de un amigo y no de un juez.

Perder a un animal de compañía es perder a un miembro de la familia. Pero si algo podemos aprender de ellos es que el amor es eterno. Siguen viviendo en nuestros recuerdos, en nuestras historias, en la manera en que nos transformaron.

Decir adiós es difícil, pero haber compartido la vida con ellos es un regalo que llevaremos siempre en el corazón. Te pregunto: Si yo tuviera una varita mágica y con ella pudiera quitarte el dolor que sientes por la muerte de tu animal de compañía, pero al hacerlo te quitara también todos los recuerdos que tienes de él (lo vivido, las fotos, las risas y demás), ¿me permitirías hacerlo?

Ya sé tu respuesta. Jamás renunciarías a lo vivido con él o ella.

La pérdida de un animal de compañía es una experiencia profundamente dolorosa que puede desencadenar una serie de emociones intensas y, en ocasiones, abrumadoras. Este duelo no solo se caracteriza por la tristeza, sino también por sentimientos de culpa, pensamientos recurrentes sobre lo que podría haberse hecho de manera diferente y la dificultad de aceptar la ausencia de un ser querido que, en muchos casos, ha sido parte integral de nuestra vida cotidiana.

Uno de los aspectos más desafiantes del duelo por la pérdida de una mascota es la aparición de sentimientos de culpa. Es común que los dueños se cuestionen sobre las decisiones tomadas antes de la pérdida, pensando en lo que podrían haber hecho para evitarla. Estos pensamientos, conocidos como «hubieras», pueden intensificar el dolor y dificultar el proceso de sanación.

La culpa puede manifestarse de diversas formas:

- **Decisiones médicas.** Preguntarse si se eligió el tratamiento adecuado o si se actuó con suficiente rapidez ante una enfermedad.
- **Accidentes.** Sentir responsabilidad por no haber prevenido situaciones peligrosas que llevaron a la pérdida.

- **Eutanasia.** Dudar sobre si fue la decisión correcta y si se hizo en el momento adecuado.

Puede sentirse como un acto de traición buscar otro animal de compañía demasiado pronto. No hay una línea de tiempo para sanar o una manera correcta de honrar por completo a un amigo. Los amores no se sustituyen, cada uno tendrá su lugar especial en nuestra biografía, cada animal será un nuevo comienzo.

Te comparto una oración de la sabia cultura maya para momentos en que acompañamos a un ser que va a morir o acaba de hacerlo. Te invito a que completes las líneas con el nombre de tu mascota:

Querido ______________________________:

No tengas miedo, libera tu mente y corazón de todo temor e inicia el camino de la liberación en paz y con alegría, tu espíritu permanecerá al lado de los que te amamos. Estarás presente en nuestras oraciones, en nuestra ofrenda ceremonial, en el murmullo del agua, el trino de los pájaros, el susurro del viento en la copa de los árboles. No tengas miedo, ____________________, *este camino hacia la luz lo tienes que recorrer solo(a), tus seres amados que han partido antes estarán esperándote. Humildemente acepta este paso de vida, toma tu sendero hacia una nueva dimensión donde no sentirás dolor, hambre, sed, frío o calor, ni tristeza ni sufrimiento. Tu existencia se llenará de libertad y paz.*

Importancia de los rituales

Los rituales han acompañado al ser humano desde las cavernas, nos ayudan a entender los cambios de ciclo y a cerrar o acomodar emociones. Restauran algo de control y mejoran la regulación emocional de experiencias negativas llenas de miedo o tristeza.

Realizar ceremonias o actos simbólicos para despedirnos de nuestra mascota puede proporcionar un sentido de cierre y honrar su memoria. Muchas personas identifican ritual con religión, pero no es así. Los rituales tienen un lenguaje simbólico que trata de unir lo que se ve con lo que no es visto: lo material y lo espiritual. Son una forma legítima para expresar nuestros sentimientos, y son también una vía para que nuestro animal de compañía siga con nosotros de manera simbólica.

Los rituales suplen la falta de ritos funerarios para mascotas, donde no es fácil encontrar una capilla para poderlo velar y recibir apoyo social y familiar.

A manera de ritual recomiendo:

1. Hacer una ceremonia para despedirlo (si no hay un cuerpo, realizarla de manera simbólica).
2. Montar un altar y dejarlo en casa por algunos días.
3. Conservar objetos-tesoro, como un mechón de su pelito, sus huellas impresas con tinta en un papel o, inclusive, realizarte un tatuaje en su honor.

La pérdida de una mascota no solo afecta nuestras emociones, sino también nuestra salud mental en general. Debemos cuidar de nuestra salud física manteniendo una rutina que incluya ejercicio, alimentación balanceada y actividades que nos brinden bienestar. Esto es crucial durante el proceso de duelo.

Pueden desencadenarse sentimientos de tristeza, soledad y depresión. Para algunas personas, el duelo puede incluso detonar trastornos de ansiedad o problemas de estrés postraumático. Hay que pensar que a veces la relación que tenemos con nuestros gatos o perros se convierte en el vínculo escogido más largo que hemos desarrollado, por lo que, sin duda, afectará todas las demás áreas de nuestra vida. Es importante reconocer estos síntomas y, de ser necesario, buscar ayuda profesional para abordarlos adecuadamente.

El duelo es un proceso que lleva tiempo; no terminará hasta que puedas resignificar lo ocurrido, aceptar la pérdida, comprenderla y darle un sentido a tu vida integrando lo ocurrido en ella. En tu proceso de sanar, conviene honrar su memoria preguntándote qué aprendiste de él, qué te enseñó con su vida y con su enfermedad.

El pie de foto de este momento en tu vida dice así: «Vive el hoy, disfruta cada etapa, porque la vida, dure lo que dure, es corta».

¿Sabías que...?

- Algunos cetáceos se aferran al cuerpo de sus familiares muertos y los acompañan durante días en un intento por devolverles la vida.
- Los cuervos graznan en señal de alerta cuando muere uno de los suyos y pueden incluso responder de manera agresiva o sexual, teniendo relaciones con ellos.
- Los gorilas lloran la muerte de sus congéneres e incluso la de los que no los son, lo que denota posesión de inteligencia emocional. Su cercanía con los cadáveres puede ser una vía a través de la cual se propagan enfermedades como el ébola.
- Los gatos tienen sus padecimientos específicos, como el sida felino, la leucemia felina y muchos otros relacionados con problemas tumorales.

Testimonios

El objetivo de este capítulo es hacerte sentir acompañado en tu dolor. Tú y el resto de los dolientes son los verdaderos maestros del duelo.

Aquí te presento testimonios que generosamente han querido compartir contigo mis seguidores y usuarios, con el fin de hacer un homenaje a sus *perrihijos* o *gatihijos* y hacer cultura del duelo para mejorar nuestra respuesta al dolor ajeno por la pérdida de un animal de compañía. Infinitas gracias por ello y por volcar su corazón en cada línea escrita. Lector, no te pierdas la **perla de tanatología** al final de cada historia.

Coco

Mi Coco llegó a mi vida el 7 de mayo de 2022, cuando estaba pasando por un momento de mucha soledad. Acababa de terminar una relación tóxica y violenta con un narcisista, un mes después de que mi abuelita había fallecido.

Coco tenía más o menos dos meses de estar solo en una casa junto a otros perritos. Habían sido abandonados porque sus dueños fallecieron y no había alguien más que los reclamara. Cuando llegaron a la casa a rescatarlos, todos los perritos salieron corriendo y algunos encontraron quién los resguardara; Coco no. Coco se quedó en la casa solito, por lo que decidieron buscarle un hogar y llamaron a mi hermana, que era conocida del rescatista, para que le diera un hogar temporal o lo pudiera adoptar. Era un sábado cuando me llamó mi hermana pidiéndome que lo fuera a recoger porque ella no podía. Yo estaba estudiando para mi examen de la universidad y solo me dijo: «Recógelo y luego vemos a quién se lo damos».

No sabíamos absolutamente nada de él, ni cómo se llamaba ni cuántos años tenía, mucho menos qué comía y qué no.

Jamás había tenido una mascota. Mis papás siempre fueron estrictos en ese sentido, y cuando llegó Coco, lo primero que hice fue esconderlo en la terraza. En teoría lo daríamos en adopción, pero a mis papás no les iba a parecer la idea; ellos no lo querían ni un ratito en la casa. Ese día Coco se robó mi corazón, porque el muy bandido vio que una puertecita que daba al techo de la otra casa estaba abierta y se metió ahí. El espacio era pequeño y peligroso porque, si se paraba en el techo, se podía caer, y de lo nervioso que estaba corría por todos lados. Pensamos que se caería, y como no sabíamos su nombre, no nos hacía caso. Lo intentamos llamar con salchichas, pero tampoco resultó. Entonces no me importó arriesgarme y me pasé a la otra casa a agarrarlo, porque poco faltó para que se cayera del tercer nivel y eso hubiera sido desastroso. Como pude, me pasé al techo de junto, lo abracé y con mil nervios regresé al techo de mi casa. Mi familia dice que desde ese día yo di la vida por él y así fue.

Pasaron los días y él seguía en la casa. Pensé que mis papás cambiarían de parecer, pero no, ellos nos dieron un ultimátum: teníamos una semana para buscarle hogar porque ya no lo querían ver en la casa. En mi mente yo decía: «¿Por qué no?». Querer tener una mascota no era un pecado. Pero ellos no lo aceptaban.

Cuento esta historia como la de un amor por el que luché con todas mis fuerzas, más incluso que por el de algún novio. Un día estaba sentada con él en la pérgola de la casa (ese era nuestro lugar seguro, y cada vez que mi mamá lo regañaba por alguna travesura, nos íbamos a sentar a esperar que todo pasara) y le prometí que jamás lo dejaría, y que conmigo no iba a pasar hambre ni frío. Mi Coco me ayudó tanto. Era mi mejor amigo y no podía dejarlo ir, así que luché por él y me aferré tanto que les dije a mis papás que, si él se iba, yo me iba con él.

Y Coco, con su amor incondicional, sus buenos modales y sus más ocurrentes travesuras se los fue ganando, tanto que ellos nos dieron una oportunidad y fue así como comenzó la historia más bonita de amor que he tenido en mi vida.

Con Coco pasamos por muchas aventuras, momentos extremadamente buenos y otros malos, entre ellos, el día que por una mala práctica de un veterinario que no estaba certificado perdió su ojito izquierdo. Tenía una infección que, al momento de darle un medicamento que se encontraba descontinuado, solo hizo que esta empeorara. Pasé días y noches buscando opciones para poder curarlo. Luché tanto para que se lo pudieran salvar, lo llevé con los mejores especialistas, pero era muy tarde: el ojito se había perforado y había perdido la vista. Fueron meses de no dormir bien, porque tenía demasiadas gotas que colocarle en el ojo. Él jamás se dio por vencido, siempre luchó, pero era tanto el dolor que se desmayaba y se quejaba mucho. Entonces me dijeron que lo mejor era quitarle el ojito. Yo estaba muy asustada porque entraría a cirugía y nunca lo había dejado solo, y tampoco confiaba en los doctores después de lo que había pasado.

Mi sorpresa fue que, cuando llegué por él, estaba supercontento: corría por todos lados, ya no le dolía nada. Fueron meses complicados, pero, gracias a Dios, todo había salido bien. Yo daba la vida por él, era mi bebé, mi mejor amigo, mi todo, era mi prioridad. Si salía, tenía que ver quién me lo cuidaba, incluso tenía niñera, tenía los mejores doctores de la ciudad, la mejor comida, la mejor cama, la mejor mamá que Dios le pudo dar.

Luego de la cirugía, pasaron meses y todo parecía perfecto. Pensé que la tormenta había terminado. Solo existíamos él y yo, disfrutaba tanto estar con él, y siempre pensaba que un día no lo tendría más, y que por eso debía aprovechar cada segundo para estar con él. Un día Coco enfermó y sus patitas comenzaron a estar mal. No podía sostener el equilibrio y cada vez se cansaba más al caminar. No dudé en llevarlo a la veterinaria, y ahí nos dijeron que ya estaba muy grande.

No sabían con certeza la edad porque no había alguien que nos contara la historia de su vida, entonces, según el diagnóstico y los exámenes médicos que le realizaron, nos dijeron que tenía aproximadamente 11 años. Luego de revisarlo, el doctor dijo que tenía artritis y que su condición era complicada. Tenían que hacerle muchas fisioterapias, darle medicamentos y muchas cosas más, a lo cual no me negué e inmediatamente lo llevé a sus primeras sesiones; teníamos esperanzas de que eso le ayudaría. Pero un día no caminó más. Quería pararse y no podía.

Me asusté tanto que, junto con mi hermana, lo llevamos con su médico veterinario (a la fecha estoy muy agradecida porque siempre cuidó de mi Coco como si fuera un bebé, y es que eso era: un bebé peludo). Ese día nos dijo que mejor nos iba a referir con un especialista que nos indicaría qué procedía, porque no podíamos medicarlo tanto por su edad y su historial médico, ya que tenía una tos que no se le quitaba y padecía de gastroenteritis, y algunas alergias a ciertos alimentos y medicinas. Lo llevamos entonces con una doctora con un corazón tan noble (para mí definitivamente fue un ángel que me envió Dios) que realizó la revisión de rutina y escuchó lo que le decíamos, pero encontró un problema más: Coco llevaba mucho tiempo con aquella tos que no se le quitaba y, en cuanto ella lo vio, lo notó y dijo que le haría radiografías para descartar cualquier cosa.

A los veinte minutos aproximadamente, nos dijo que pasáramos a ver las radiografías, porque tenía que hablar seriamente con nosotras, y nos enseñó que Coco tenía cáncer en sus pulmones. Ya había hecho metástasis y no había nada más que hacer. Me quedé en *shock*, porque yo había entrado con otro diagnóstico. Yo iba con la esperanza de que él pudiera caminar, no a recibir la noticia de que tenía un cáncer terminal y que ya no lo iba a tener más conmigo.

Pensé muchas cosas. Al final solo dije: «Déjeme llevármelo. Él se tiene que despedir de su casa y de su familia y yo tengo que procesar lo que está pasando y tomar una decisión».

No podía creerlo y no sabía qué hacer. Yo no le iba a quitar la vida; ¿con qué derecho se la iba a quitar si él no se quería ir? La doctora dijo que lo mantuviéramos en observación, pero él ya no podía hacer sus necesidades por sí solo. Yo lo tenía que cargar, pues cuando me paraba, él me quería seguir. Lo tenía que cargar con una sábana para no dejarlo solo y que se golpeara al intentar caminar. Yo no podía ir al baño porque me lo tenía que llevar y sentarlo a mi lado. Ya no ladraba, ya no salía corriendo para espantar a la gente que se acercaba a la puerta. Al final, mi familia me dijo que era mi decisión, y que iban a respetar lo que yo quisiera hacer.

Esa noche me arrodillé y le supliqué a Dios que me ayudara porque yo ya no sabía qué hacer. Las deudas ya estaban creciendo, y tampoco sabía quién me lo cuidaría cuando yo tuviera que trabajar, si solo yo le tenía paciencia. Pero lo más importante de todo es que esa ya no era vida para él, no podía tenerlo en esas condiciones. Aun así, me aferraba y no quería aceptarlo, así que le dije a Dios: «Yo te lo entrego si realmente tú me enseñas que él está mal, porque yo veo que él tiene ganas de vivir». Claramente yo no quería ver que él sí estaba mal, porque hace mucho no dormía bien y respiraba a la fuerza, pero yo me negaba a creerlo.

Entonces llamé a la doctora y le dije: «No lo voy a dormir, seguiré con el tratamiento cueste lo que cueste». Pensé que tal vez, al caminar, se recuperaría y seguiría viviendo, porque si él no dejaba de caminar, yo no pensaba dormirlo. Así que el domingo comenzamos con la medicina. Me dieron las indicaciones y los cuidados que debía tener, nos cambiamos de cuarto, donde hubiera más aire y no se sofocara, y como él dormía en mi cama tuve que bajar el colchón para que no se cayera o intentara bajarse. El lunes lo pasó más o menos. Mi corazón sabía que algo no estaba bien y lo llevé a nuestro lugar seguro. Ahí platicamos cómo solíamos hacerlo y le dije que lo amaba con todo mi ser y que, por favor, me diera señales de que se quería ir.

Esa misma noche todo empeoró, mi chiquito no aguantó el medicamento, pasó la noche vomitando y defecando sangre. El martes 7 de mayo de 2024 él estaba muy débil. Mi bebé estaba desmayado, no se levantaba más, no había comido y sus ojitos estaban decaídos. Esa mañana solo pensé: «Dios mío, tú sabes lo que te pedí con lágrimas y yo no puedo retenerlo más», y con el dolor de mi corazón pensé que debía entregárselo, porque yo ya no sabía qué más hacer. Llamé al doctor que siempre me atendía y me dijo: «Tienes que dejarlo descansar, él ya no aguanta más».

Me lo llevé de emergencia a la veterinaria y la doctora me dijo que estaba muy malito, y que yo tenía que tomar la decisión respecto a la eutanasia. Podía dejarlo vivir, pero él ya tenía anemia y yo tendría que cuidarlo 24/7; él no podría solo y menos estar acostado en una sola posición, porque el cáncer empeoraría las cosas al no tener movimiento. Mi papá iba conmigo y me dijo que Coco estaba luchando, pero que ya no podía más, y fue ahí donde le dije a Dios: «Te lo entrego con el dolor de mi corazón, porque creo que hasta aquí llegó su tiempo conmigo».

Estando en la fría sala del hospital, esperando que llegara el momento, me despedí de él y le agradecí tanto que nunca me dejara sola. Le dije que yo había cumplido mi promesa de nunca dejarlo solo, pero que era momento de descansar. Él me miró a los ojos y me movió la colita, como agradeciéndome que hasta el final de sus días estuve con él.

Lo más duro fue regresar a casa sin él. Era mi alegría, me esperaba con tantas ansias y ya no estaba, ya nadie me esperaba. Salí a caminar sin él y compré una veladora. Regresé a casa y la encendí junto a su cama y las cosas que había dejado. En cuanto la encendí, la llama se comenzó a mover como si fuera su colita, y tuve una sensación de que era él. La piel se me erizó..., sabía que él me estaba diciendo que todo estaba bien.

Me costó mucho entender que se había ido. Le reclamé a Dios, me cuestioné muchas veces en qué había fallado, qué había hecho mal, por qué no me había dado cuenta de que tenía cáncer, porque tal vez si lo hubiera notado habría podido tenerlo más tiempo con cuidados paliativos. Pero al ver la fecha y cómo todo se acomodó para que las cosas pasaran, me di cuenta de que mi Coco había cumplido su propósito en mi vida.

En esos dos años me dio fuerzas para terminar la universidad, mejoré en muchos aspectos, superé una relación, pasé de levantarme a las diez de la mañana a levantarme a las seis para llevarlo a caminar y disfrutar del día lo más que pudiéramos y, sobre todo, empecé a disfrutar del presente y de las pequeñas cosas. Aprendí que no es necesario ser millonario para ser feliz.

Coco se fue el 7 de mayo de 2024, justo cuando cumplió dos años conmigo. Entendí que Dios así lo quiso y yo no podía pelear contra él. Hice lo que pude con lo que tuve en ese momento y, por más que me aferré, ya no había nada más que hacer.

Coco me cambió la vida. Fue el amor de mi vida, mi primer perrito y el amor por el cual luché hasta el último día. Me dio el amor más incondicional que pude haber tenido, me salvó de una depresión porque, en lugar de dormir todo el día, tenía que jugar con él, y ese era el tiempo más valioso y más ansiado por mí. Me enseñó a tener mucha paciencia y sobre todo a ser vulnerable, dándole un amor que ni yo sabía que podía tener. Hoy quiero compartir nuestra historia para honrar su vida y lo bien que me hizo compartir sus últimos días de la mejor manera. Para mí, fue un honor que Dios me eligiera para cuidar de él.

Perla de tanatología

En la historia de Coco vemos el inmenso amor de su teniente, y las ganas de Coco de seguir adelante, aun enfermo, para no dejarla sola. Somos testigos de cómo lucharon juntos hasta el final (la satisfacción del deber cumplido). Enfrentaron varios *rounds* de pelea con

Dios, con la vida, con la culpa, para finalmente cerrar la historia con todos los aprendizajes obtenidos y la gratitud hacia la vida por haber dispuesto las circunstancias para que se encontraran (ese es el camino del héroe: primero la batalla y luego la ganancia). Si bien ella le cumplió todas sus promesas, no podemos darle ni un minuto más de vida a alguien cuando ha llegado su momento. Volver a sonreír es el mejor homenaje para el gran Coco. Las historias de pérdida siempre son historias de amor. Aquí una foto de Coco:

Coco

Maja y Rufino

Aunque mi pérdida más reciente es Maja, pensando en cómo escribir sobre ella y yo, me doy cuenta de que no puedo separar nuestra historia de Rufino, un *schnauzer* negro maravilloso.

Rufino llegó en 2006 como un gran regalo de graduación de la licenciatura en Psicología. Aunque me fascinaban los perros, en realidad yo era una completa ignorante; y gracias a él conocí más sobre ellos, de tal manera que hizo que encontrara mi vocación e iniciara mis estudios relacionados a los perros, las personas, el vínculo y el comportamiento.

En 2012, Maja llegó con nosotros porque yo estaba buscando una perra de trabajo. Ya me había certificado como experta y técnica en terapia asistida con animales y buscaba a mi coterapeuta. Fui a varios lugares a buscar un perro con sus características y milagrosamente un criador de labrador *retriever* aceptó donármela. De esta forma, llegó conmigo una perra color chocolate, preciosa por dentro y por fuera, que era mucho más de lo que yo había imaginado y que se convertiría en maestra, compañera, familia, en una parte de mí. Siempre sentí que estábamos destinados a estar juntos y durante muchos años fuimos nosotros tres.

Rufino, Maja y yo nos convertimos en uno solo. Yo siempre decía que Rufino era muy parecido a mí y Maja era lo que me faltaba ser. Ellos disfrutaban todo, me acompañaron en muchos cambios de casa, de ciudad y de país. Se adaptaban a cada movimiento, me salvaron muchas veces cuando sentía que el mundo se me venía encima y me hacían entender que todo estaba bien si estábamos juntos. Yo siempre les prometí que haría lo mejor que pudiera y que haría hasta lo imposible para que ellos no sufrieran. En septiembre del 2021 me enfrenté a esa promesa por primera vez.

Rufino enfermó y 25 días después del diagnóstico tuve que realizarle la eutanasia. Eso me destruyó y a Maja también. El vacío de su ausencia fue inmenso y nos hundimos en una profunda depresión. Maja y yo enfermamos físicamente. Y al acompañarla a transitar este duelo (porque los animales también viven los duelos), encontré un sentido para seguir. Tuvimos que reconfigurar nuestra pequeña familia, y el vínculo que teníamos (y aún tenemos) se hizo mucho más grande.

Pero a partir de ese año Maja inició con enfermedades crónicas que hicieron que yo me volcara a estudiar, a consultar con muchos veterinarios, a entrar a congresos y buscar siempre las mejores opciones para retrasar el proceso y que ella estuviera lo mejor posible. Aunque el tiempo no perdona, y cada vez se fueron sumando más y más visitas al veterinario, más complicaciones, más noches sin dormir, más horas de cuidado. La vida giraba completamente en torno a ella. Poco a poco, juntas, nos fuimos adaptando a paseos más cortos, reducir los viajes y menos reuniones con amigos. Aun así, Maja seguía siendo la perra feliz que siempre fue, seguía disfrutando todo, seguía acompañándome en momentos alegres, pero también en los momentos duros, como cuando murió mi papá. También me acompañó durante las clases, el tiempo de estudio y los exámenes para graduarme del Máster en Etología de Animales de Compañía. Estoy segura de que sin Rufino y Maja nunca lo hubiera logrado.

A finales de 2023 y durante 2024, cuando creía que todo estaba más estable en su salud, tuvimos varios sustos fuertes. Pero con la ayuda de sus veterinarios y los cuidados, ella siempre salía adelante y continuaba renovada y feliz. Hasta que en mayo de 2024 tuvo lo que yo creía era una recaída, que se complicó con otros síntomas que nunca había tenido. Sentí que estaba llegando el momento final. Ese momento que tantas veces había pensado, pero que no quería que llegara.

A pesar de los esfuerzos por que no sintiera dolor y volviera a salir adelante como siempre lo había hecho, Maja empezó a pasarla mal, y el 31 de mayo tuve que volver a cumplir mi promesa y hacerle la eutanasia. La vida se me rompió en mil pedazos y perdió todo su sentido. Hoy, muy poco tiempo después de que se fue, estoy sumergida en un dolorosísimo proceso de duelo, pero agradecida como nunca por el tiempo que pasamos juntos.

Perla de tanatología

Los duelos se acumulan, nadie tiene un dolor puro; se suma y recrudece pérdidas anteriores. Como vimos en esta historia de amor y familia (porque eso es), el dolor de la ausencia afecta muchísimo todas las áreas de la vida. Nuestros animales de compañía nos dan un para qué y nos ayudan en momentos de crisis; sería justamente a ellos a quienes necesitamos para pasar mejor su duelo. Gran ironía es que a quien necesitaría para consolarme de este dolor es quien me lo ha provocado sin querer.

Agradezco este bello testimonio, y dejo por aquí la foto de estos dos hermanos peludos, Maja y Rufino:

Maja y Rufino

Alberto

Mi pérdida más reciente fue un *yorkshire terrier* de 15 años: se llamaba Alberto y él fue y siempre será un perro muy especial, porque me acompañó desde que mi mamá estaba embarazada de mí y él se acostaba sobre su panza. Después, siempre me alegraba el día cuando yo llegaba de la escuela. Mi parte favorita de ir a la escuela era regresar cansada y escuchar sus ladridos de felicidad y el ruido de sus patitas rebotando en el piso al saltar. Me daba unos buenos lengüetazos. Amaba que estuviera en mi cuarto, siempre me acompañaba. Me encantaba recostarlo sobre mi cama con mis almohadas porque parecía un peluche: era muy pequeño y pesaba solo 2 kilos. Era lo máximo y lo amaba infinitamente.

Tuve tantas aventuras con él, y siempre me hacía fiesta cuando llegaba de la escuela. Lo más triste era irme de viaje y no verlo, hasta que, por la edad, las cosas se fueron complicando y lo veía sufrir mucho.

Yo no quería que me dejara, quería que se quedara conmigo para siempre, aunque sabía que ese día iba a llegar y tendría que descansar eternamente. Las últimas dos semanas fueron lo peor. Yo creía que iba a recuperarse y ser como antes, pero un día me explicaron que lo tenía que dejar ir para que descansara en paz y ya no sufriera. Lloré mucho, quería que ya no sufriera, pero también quería quedarme con él.

Tuve que aprender que todos en esta vida tenemos una misión y, una vez cumplida, podemos irnos. Eso lo aprendí con Alberto. Creo que él fue el motivo por el que amo tanto a los animales y sufro mucho cuando ellos sufren. Son buenos.

Aunque ya no veo a Alberto, él me dejó muchos aprendizajes y me enseñó que hay que vivir cada día como si fuera el último, porque nunca sabremos cuándo lo será. Me enseñó que tengo que disfrutar todo lo que tengo todos los días y no pensar en lo triste que pueda llegar a pasar. Mi amada perrita Luciana estuvo conmigo y aunque convivió pocos meses con Alberto, yo sé que sin ella ese momento habría sido muchísimo más difícil de superar. Gracias, mamá, por todos tus consejos y tu apoyo incondicional en esos momentos.

Perla de tanatología

Como niños nos gustaría poder hacer reversible la edad o la enfermedad de nuestros animales de compañía. Los queremos siempre a nuestro lado. Con este testimonio se prueba que siempre se quedan a vivir en nuestro corazón. La tanatología coincide en que cada persona, cada ser, tiene una razón de estar en nuestra vida. Su muerte no es una lección, sino su presencia en nuestra biografía.

Gracias por compartir. Aquí la foto del guapísimo Alberto:

Alberto

Michirelo

Fue un día de febrero de 2020. No recuerdo la fecha con exactitud, pero lo que sí tengo presente es que llegó como regalo para mi pequeña sobrina de unos días de nacida: era un lindo gatito blanco con algunas delicadas rayitas de color gris. Podría decir que era de tan solo 2 meses de edad, ya que era igual de pequeño y frágil que la bebé. Su nombre:

Michirelo. Si se preguntan de dónde surgió ese nombre, no sabría decírselos con exactitud, ya que fue mi mamá quien le puso tan original nombre.

Al principio yo no le daba mayor importancia, ya que en ese momento todavía no era mi mascota. Mi hermana, luego de dar a luz a mi sobrina, decidió pasar un mes en la casa de mis padres para continuar con sus cuidados posparto y con ella también se mudó su perrita Deysi. Ambas mascotas convivieron en la casa durante ese tiempo y puedo decir que nunca me había imaginado lo linda que puede ser una amistad perro-gato, por increíble que parezca; creo que ese mito de que los perros y los gatos no se llevan bien es solo eso, un mito.

Pasado el mes, mi hermana decidió regresar a su casa para continuar con su vida cotidiana, pero se fue solo con mi sobrina, y dejó a Deysi y a Michirelo en la casa de mis papás. Al principio mi mamá les compraba la comida, pero luego de unos días le pidió a mi hermana que enviara comida a sus mascotas y así lo hizo. Solo que a la que le llevó comida fue a la perrita, pero no al gatito; así que yo le dije a mi mamá que le iba comprar comida a Michirelo, pero que entonces ahora él sería mi mascota, a lo cual mi mamá accedió. Pasados otros días más, mi hermana envió al papá de mi sobrina a recoger a la perrita, mas no al gatito, confirmando así que Michirelo era mi nueva mascota.

A mediados de marzo había sido confirmado el primer caso de COVID-19 en Guatemala y un día después yo fui despedida de mi trabajo. Estuve en casa hasta noviembre de ese mismo año, y puedo decir que a raíz de eso fue que Michirelo y yo nos volvimos tan unidos; creo que nunca había congeniado tanto con una mascota como lo hice con él. Dormíamos juntos, me hacía compañía durante mis clases en línea de la universidad, se desvelaba conmigo mientras hacía mis tareas y no se dormía hasta que yo me iba a acostar. Incluso se sentaba en una de las sillas del comedor en cada comida como un miembro más de la familia, porque eso es lo que siempre fue.

A finales de 2021, me casé y obviamente él se mudó conmigo junto a otra gatita (que aún está con nosotros). Fuimos una feliz familia de cuatro integrantes. Vivimos muchos momentos de risas y uno que otro regañito cuando Michirelo hacía alguna travesura, aunque debo decir que era un minino muy bien portado.

En octubre de 2022 estuve a punto de perderlo. Sufrió un cuadro de lipidosis hepática felina. Temí lo peor, pero salió bien librado de ello; siempre diré que Dios me lo prestó un año más. Luego de ello sentí que cambió un poco su personalidad: era un gatito bastante serio con la otra gatita. Ella es muy juguetona, él no lo era, pero luego de su recuperación también se volvió juguetón; como que aprendió a valorar la vida, así era como yo lo molestaba.

Todo era felicidad y alegría hasta que el 18 de diciembre de 2023 Michirelo empezó a presentar un comportamiento aletargado. Los primeros días lo asocié al clima, ya que estaba haciendo demasiado frío para la temporada, pero, al verlo más decaído, agendé cita en una clínica veterinaria que atendía emergencias 24/7. En un principio se pensó que la lipidosis había regresado, pero no fue así y los exámenes tampoco reflejaron con exactitud qué era lo que lo estaba aquejando. Se quedó internado en esa clínica dos días sin mejoría alguna, por lo que decidí moverlo de clínica y lo llevé a otra con más experiencia en gatitos. Se le hicieron nuevamente exámenes y los resultados no fueron nada alentadores, ni tampoco reflejaban con exactitud cuál era su padecimiento. Se quedó internado esa noche, pero lamentablemente falleció en la madrugada del 28 de diciembre de 2023, a un mes de cumplir 4 años.

Esa mañana me desperté a las 7:30 a. m. y lo primero que hice fue checar mi WhatsApp: en efecto, ya tenía mensajes de la veterinaria dándome la noticia. Fue un golpe muy duro para mi esposo y para mí. Decidí cremarlo y conservar sus cenizas. Las tengo en una repisa en la sala, junto con un cuadro que tiene una impresión de sus huellitas y su collar con su placa de datos.

Le agradezco a Dios y a la vida el haberme permitido coincidir y compartir mi vida con Michirelo, quien estuvo a mi lado en las buenas y en las malas, y me enseñó que no es necesario decir una sola palabra para dar apoyo moral, que la verdadera compañía se demuestra con presencia y no con discursos.

Michirelo, pasaste de vivir conmigo a vivir en mí, tú me amaste durante toda tu vida y yo te seguiré amando por el resto de la mía.

Perla de tanatología

Esta historia nos prueba, una vez más, cómo los animales llegan a nuestra vida por caminos diversos, pero con una sola misión: mejorar nuestra vida. Abren nuestro corazón y nos muestran la parte más tierna y amorosa de él. Para la tanatología, el triunfo sobre la muerte es el amor.

Gracias por compartir. Aquí la foto del hermoso Michirelo:

Michirelo

Molly

Cuando llegamos a Europa no me gustaban los gatos; les tenía miedo. Aleida, una compañera de trabajo de Erick, nos llevó a ver una gatita. Al principio me dio miedo, pero aun así hicimos el trámite para quedarnos con ella. La llamamos Molly. Primero me sentía reacia, nerviosa, pero Molly, curiosa y prudente, se fue ganando mi cariño. Se convirtió en nuestra compañía diaria. A pesar de mis miedos, fuimos formando un vínculo muy especial.

Cuando nos mudamos a África, no pudimos llevarla en nuestro vuelo, y la tuvimos que enviar aparte. Fue muy doloroso separarme de ella, pero cuando llegó, la emoción fue inmensa: me reconoció de inmediato. Nos adaptamos a nuestra nueva vida, pero Molly enfermó. El agua de Kenia le hacía daño, así que le dábamos agua purificada en una botella especial. Molly era tan noble que nunca hacía escándalos.

Después de un tiempo, Molly enfermó tras comer apio que no lavamos bien. Vomitó, y al día siguiente, aunque intentamos llevarla al veterinario, falleció. El dolor fue inmenso. Nos dijeron que fue envenenamiento por pesticida. Mi duelo se complicó al descubrir que en la veterinaria no la cuidaron como debían y que murió posiblemente sola. Luché mucho para obtener respuestas, y aunque las conseguí, el dolor no disminuyó.

Han pasado ocho meses, y sigo extrañándola. Molly fue una hija para nosotros. A través de ella aprendí a amar incondicionalmente, a respetar los espacios, y a promover el amor propio. No planeo tener otra mascota en esta casa, porque esta fue su casa, y su recuerdo sigue vivo en nuestro corazón. ¡Molly, te amamos muchísimo, gracias, gracias, gracias!

Perla de tanatología

La devoción por los animales y nuestras ganas de verlos bien pueden recorrer todos los kilómetros posibles, como vimos en esta hermosa e internacional historia de amor. Hay un momento en el que tienes que dejar de dudar y empezar a confiar, porque la incertidumbre daña tu proceso. Confía en que todo pasó como tenía que pasar, no como tú hubieras querido que sucediera.

Aquí la foto de la elegante Molly:

Molly

Rubik

Después de la vivencia de la perdida repentina de mi perrito Heisenberg cuando estaba embarazada, traté con todas mis fuerzas de no perder de vista lo que seguía aquí conmigo, y esas son mis hijas, mi esposo, Rubik y Tekimu (la mamá de Heisen y Rubik).

Rubik, a diferencia de Heisen, siempre fue una perrita confianzuda, alegre y sobre todo sabía estar con quien la necesitaba. Su pelo era suave y un rayito blanco en la frente la caracterizaba. No había momento en el que ella no saludara o sonriera; tenía la costumbre de subirse a las sillas para estar de chismosa en las pláticas familiares, y sin duda era la más sensible de los tres. Le asustaban los ruidos fuertes; las tormentas y los cuetes eran una pesadilla para ella, tuvimos que leer mucho sobre cómo ayudarla y encontré que un chalequito bien apretado era una forma de contener esta ansiedad terrible. Cada que llovía o cada que era un día festivo, mi Rubik lucía su atuendo especial.

Siempre estaba con la lengua de fuera y hacia un lado. Sin embargo, hace 3 años noté que su pelo empezaba a caerse, su estado de ánimo cambió y empezó a tener lesiones en la piel. Buscamos opiniones médicas con sus veterinarios, pero no encontraban la razón, hasta que fuimos con un especialista que le diagnosticó hipotiroidismo. Le recetaron su medicamento y, sin embargo, conforme pasaba el tiempo, ella se quedaba sin pelo, hasta que una amiga mía decidió hacerle este año un estudio y confirmó que tenía otra enfermedad llamada hiperadrenocortisismo. De inmediato acudimos al endocrinólogo a ajustarle su tratamiento, pero él notó algo raro en sus estudios y solicitó un ultrasonido, el cual arrojó un resultado que sacudía con fuerza nuevamente mi vida: una masa de más de 10 cm en el hígado. Yo ni siquiera había empezado a procesar realmente el duelo de Heisenberg cuando ya tenía encima esta situación con Rubik.

Me puse tristísima, y la ansiedad no me dejaba respirar. Le tuvieron que hacer una punción guiada para ver qué era eso en el hígado. Traté de tomarlo con calma, se programó el estudio, y no sé por qué últimamente las fechas se me enciman todo el tiempo, pero fue en mi cumpleaños. Ahí estábamos mi esposo y yo afuera del hospital veterinario esperando que el procedimiento saliera bien, y esa fue mi celebración, que mi perrita saliera caminando a pesar de lo doloroso que pudo ser lo que le hicieron. Todo esto se volvió una bola de nieve, pues tratamos desesperadamente de buscar soluciones o alternativas, pero después de la tomografía y visitas a especialistas, el diagnóstico fue cáncer. ¿Y ahora qué? Fue una pregunta que me acompaño después de haberme negado a la quimioterapia. Hubo días espantosos llenos de gritos de dolor en los que no teníamos realmente una respuesta, ¿ya es hora?

Cuando murió Heisenberg recibí mucho apoyo de veterinarios cercanos, que hoy puedo considerar amigos del alma, y de mi familia. Uno de ellos me pidió paciencia y mucho temple para que el medicamento paliativo se instalara, y afortunadamente sucedió. Aunque el pronóstico era desalentador, me prometí que el tiempo que estuviera ella en casa con nosotros lo iba a pasar genial y cómoda como siempre. Aunque su vista estaba afectada por las mismas enfermedades que padecía desde hace tiempo, volvió a subirse a mi cama a descansar en mis piernas cada que se le antojaba, también empezó a comer un poco diferente porque las croquetas ya no le caían bien. La comida natural llegó a casa; en ocasiones me sabía mal no haber optado por esto antes, pero tanto Rubik como Teki me hicieron saber que solo hoy se vive el momento.

Pasé algunos meses aterrada de salir de mi casa con un miedo paralizante a la muerte, la idea de llegar y encontrar a alguna de ellas muerta me congelaba por completo. Sin embargo, paso a paso, conforme fui trabajando el duelo de Heisenberg, me encontré con que la muerte no es tan mala como parece. Leí tantos libros, pero los más bellos y entendibles a mi parecer fueron infantiles, pues las imágenes, las letras grandes y las palabras sencillas lograron llenarme el corazón y complementar lo que le hacía falta a este proceso.

Una amiga me dijo algo que me sacó de mi zona de confort y me abrió los ojos. «Clau, ella va a morir estando tú o no estando, deja de sufrir todos los días porque así no vas a disfrutar ni tu vida, ni a tus hijas ni a las perras». A partir de ahí todos los días por la mañana, antes de su medicamento, le decía a Rubik: «Hoy tengamos un buen día», y no hubo noche que no le dijera que la amaba, cosa que he empezado a hacer con casi todos en mi familia. A veces me cuesta porque algo que distingue en este caso a mis perros de las personas es que ellos podían hacer maldades, pero jamás me hicieron realmente enojar.

El tiempo pasó, y por un momento parecía que el cáncer se había ido de esta casa, su pelo creció y volvió a sonreír como siempre. Solo que dejó de subirse a la cama. Pudo haber sido causa de su edad, o de la incomodidad de no ver la orilla de la cama en las noches, pero no la obligué a seguir haciéndolo. Algo curioso es que ella no dejó de estar conmigo desde que Heisen murió; se encargó de quitarme las lágrimas e incluso ocupó mi mente con los horarios esclavos de su medicación.

Pero llegó ese día, ese día por el que yo le preguntaba tanto a los veterinarios. «¿Cuándo voy a saber?», insistía yo, y una doctora me dijo: «Cuando veas que ella ya no es ella». Y la vi caminando, tambaleándose de un lado a otro, mirar su plato de agua fijamente y babear un montón. Ese día se quedó hospitalizada para prevenir una intoxicación, porque podría ser que su función hepática estuviera fallando. Pero al otro día, Rubik estaba como si nada, brincando de aquí para allá. Llegó a casa y comió, y al poco rato otra vez la vi mareada. Yo más que nadie podía ver en sus ojos que algo no iba bien. Al otro día no comió nada y dejó de querer su medicamento, pues me cerraba el hocico fuerte; empezó a caminar muy lento, ya no se movía de su cama y comenzó a tener sangrados intestinales. La abracé por noches y ya casi no levantaba su cabeza.

Un día muy temprano en la mañana, antes de que mis hijas se despertaran, me ladró y quiso subir nuevamente a la cama. Me hice a un lado y me acurruqué con ella. Sentí una felicidad inmensa y mucha tristeza, todo al mismo tiempo. Quería congelar el instante y sentir su cuerpo calientito y esa respiración capaz de calmar a cualquiera. Pero el sueño se acabó: era hora de empezar el día.

Me enfrenté a una discusión que jamás pensé tener con mi esposo, pues le dije que había que considerar la eutanasia, pero fue un tema complicado de abordar. Yo estaba ahí, con una decisión en las manos que la recibieron al nacer. Llena de dudas y miedo, la tomé finalmente después de un ultrasonido que nos mostró que el tumor había bloqueado la entrada de alimento al estómago.

Ella se fue esa misma noche, rodeada de todas las personas que la quisieron. Me permitió estar con ella en su último aliento y no podría pedirle más a la vida, pues con ella pude hacer lo que el destino o las circunstancias no me permitieron hacer con Heisen el año anterior.

Heisen murió el 7 de octubre de 2023 y Rubik, el 3 de octubre de 2024. Quería gritar al viento con fuerza: «Para mí ya no hay más bellos otoños». Uno de sus veterinarios me dijo: «Clau no veas esto mal, vas a tener una semana al año para recordarlos con una sonrisa porque te dieron demasiado».

Hoy las cenizas de Rubik están junto a las de su hermano, en otro arbolito en mi balcón, y por momentos la ausencia me llega de golpe. Ahora solo me queda Teki, que en enero cumple 14 años. Lloro por las noches y, cuando mis hijas no están, el silencio me estremece un poco. Mi sobrino hace poco me dijo: «Tía, está bien a veces no estar bien».

Perla de tanatología

Conozco este caso muy de cerca y prueba que el amor a los perros no es una transferencia del amor que podríamos tener por un hijo. Se puede tener hijos y perros y amarlos a todos porque al corazón que se rompe le cabe más amor. Cada pérdida hace crecer y no encoger nuestro corazón. La tanatología nos enseña cómo, en realidad, la pérdida no nos debilita, sino que nos fortalece.

Aquí la foto de esta campeona, Rubik:

Rubik

Wally

La mañana del 8 de julio de 2019, como cada mañana, iba rumbo a mi Hospital Veterinario cuando, sobre la avenida Sta. Rosa, casi con Calzada Vallejo, me tocó un alto. En eso veo que dos perritos de color blanco estaban cruzando la avenida corriendo y un automóvil no los vio, y por arrancar de forma rápida, golpeó a uno. Se escuchó su grito, pero los dos lograron atravesar la calle. Entonces me orillé y, junto con mi acompañante Charly, logramos agarrar al chaparrito para llevarlo al hospital, pues estaba cojeando de su patita delantera derecha. A las personas y los negocios que estaban cerca del accidente les avisamos y dejamos nuestros datos para que, en caso de que preguntaran por el paradero del perrito, supieran dónde localizarnos. Del otro perrito ya no supimos nada, porque se escondió y ya no lo encontramos.

Llegando al hospital le tomamos radiografías y observamos que solo tenía una fisura en su patita. Se le manejó el dolor, dejándolo bajo observación, en lo que dábamos el tiempo para que alguien lo pudiera reclamar. Sin embargo, eso no pasó. Yo en ese momento apoyaba en el cuidado de las mascotas en el hospital y pues me di cuenta de que este chaparrito era muy especial, empezando porque, de todos los perritos que había conocido, este era al único que se le veían los ojos de humano; me refiero a que no a todos los perritos se les alcanza a ver la parte blanca del ojito. Era un humanito de cuatro patas y peludito, además era superentendido y educado.

En una ocasión, por descuido, abrí la puerta principal de la veterinaria y salió corriendo. Me imagino que así fue como se les perdió a sus tutores anteriores, por un descuido. Me hizo correr mucho para volverlo a agarrar, y con una pelota lo distraje. En ese momento me di cuenta de que amaba las pelotas y todo lo que sonara como silbato o algo chillón. También le encantaba jugar con las botellas.

A pesar de traer su vendaje para el cuidado de la fisura en su patita, corría y corría y se veía supertierno. Su sonrisa era diferente, me encariñé con este perrito y ya no quise que lo pusiéramos en adopción. Platiqué con Chris para esterilizarlo y para quedárnoslo. Es importante comentar que en este negocio de los animales de compañía en algún momento se te hace un corazón de pollo y quisieras rescatar y ayudar a cuanto animalito te encuentres...

Para ese momento teníamos en casa a Layla y a Bruno, dos *schnauzers* miniatura; a Frijol, un mestizo de 42 kilos; a Kiara, una *dachshund* muy viejita, y a Bella, también una mestiza con problemas de cadera, todos ellos rescatados. En la veterinaria solo estaba Meredith, una gata que también nos dejaron en la puerta en una cajita cuando apenas tenía tres semanas de nacida.

Así es como Wally llegó a formar parte de nuestra familia. Se llevó muy bien con Bruno y con Frijol. Le calculamos que en ese momento tendría unos dos o casi tres añitos; también era mestizo porque su cuerpo era de patitas cortas y alargado, como un *basset hound*, y pelitos blancos y chinos, como un *poodle*. Este chaparro se distinguió de todos los demás porque era tan observador que sabía dónde guardabas las pelotas y los premios. En la veterinaria sabía dónde se guardaban los palitos de carnaza y a todos nos pedía que le diéramos uno.

Se paraba en dos patas frente al mueble donde se guardaban y ladraba para que le dieras uno. Comía de todo: rábanos, jitomates, apios, y las croquetas ni se diga. Con este chaparro nunca batallamos para darle de comer; de hecho, por ser un tragón nos dio dos grandes sustos.

El primero fue cuando tuvimos una remodelación en la veterinaria, porque olvidamos que, en sus inicios, dando mantenimiento al drenaje, salieron unas ratas. Habíamos olvidado que en una bolsita teníamos veneno, y agarró uno de esos «premios» con veneno y se lo empezó a comer. Gracias a Dios uno de los médicos que estaban en turno se dio cuenta y le avisó a Chris. Le lavaron la pancita y al realizar el protocolo de envenenamiento, todo salió bien. El segundo susto fue una noche, tipo dos de la mañana, cuando me levantó un dolor de garganta. Fui a tomar un Ibuprofeno, de esos de cápsula de gel, y al momento de desprenderlo del blíster salió volando y este cuate ni tarde ni perezoso corrió para alcanzar la cápsula y me la ganó. El resto de la noche estuvimos tratando de que vomitara con agua oxigenada; parecía que le estábamos dando agua natural, porque nunca logramos el vómito, y por la mañana, al hacer el aseo, encontramos la pastilla.

Wally era de los que más llevábamos al hospital porque le gustaba viajar en el coche. Era nuestro copiloto especial, siempre al pendiente en la ventana. Cuando lo bañaba y Charly le hacía su corte, lo dejaba superbonito: parecía una nubecita y su corte le daba mucha personalidad a mi *werito* hermoso. Cuando Chris y yo ya estábamos por salir de casa, él siempre se subía al sillón y con ese ladrido chillón de perrito consentido nos exigía que lo cargáramos para subirlo a la camioneta.

Cuando lo regañaba porque se portaba mal, se ponía en un rincón viendo hacia la pared y, a los pocos segundos, ya me estaba brincando y moviendo la cola para jugar.

Todo parecía ir bien con este chaparro, hasta que en el mes de febrero de 2024 inició con un tema de estornudos que pensamos se generaban por el polvo. Sin embargo, en un servicio de estética que se le realizó el 10 de junio de ese año, la estilista nos reportó que tenía una masita en el cuello. Terminando el baño se le puncionó y resultó con diagnóstico de Mastocitoma grado II. Se programó para cirugía y se retiró la masa, se mandó a patología y el resultado arrojó que no era el tumor primario, sino que era una metástasis de un tumor principal.

Chris estaba muy desconcertado, porque el tipo de tumor era de piel y no entendía como era que se desarrolló y en dónde estaba, hasta que lo relacionamos con los estornudos. Procedimos a realizar una tomografía y, efectivamente, el tumor principal se localizaba al interior de su nariz. Para nosotros fue nuevamente un golpe muy duro, porque también en enero de ese año tuvimos que aplicar eutanasia a Frijolito, ya que había desarrollado dos tumores en el páncreas y dos en el bazo, inoperables. Teníamos frustración, ya que, a pesar de tener a Chris como un excelente cirujano en la familia, no había manera de ayudar a nuestros chaparros médicamente.

Amarnos, apapacharnos, fotografiarnos, disfrutarnos, crear momentos especiales y recuerdos para nuestra familia es lo que estábamos aprendiendo a hacer.

A Wally se le aplicó un protocolo de diez sesiones de quimioterapia cada jueves, y al término estuvo con un medicamento también quimioterapéutico. A diferencia de los humanos, las quimioterapias en perritos no tienen los mismos efectos secundarios, como la pérdida de pelo, depresión, mareo o náuseas muy marcadas.

Así nos mantuvimos muy estables hasta el sábado 11 de enero, que inició como un día normal. Wally fue con nosotros a la veterinaria y en el transcurso del día se fue poniendo triste. Ya en la noche, al revisarlo, empezó a temblar y los ojitos se le iban como de lado y no se podía poner de pie. Esa noche se quedó en el hospital. Se le realizaron nuevamente estudios de laboratorio que salieron bien, pero no hubo mejoría. En la mañana del domingo, que llegamos temprano para verlo, tuvo una convulsión muy severa. Sabíamos en ese momento que no habría una mejoría y sabíamos también cuál era el camino a seguir, sin ser egoístas y con todo el amor que sentimos por él.

Se le aplicaron medicamentos para controlar las convulsiones, nos dimos un par de horas para estar con él, despedirnos y darle gracias por estos cinco hermosos años que estuvimos juntos. Esa mañana del 12 de enero, Wally falleció.

Perla de tanatología

Don Quijote de la Mancha decía algo muy cierto: «No esperes a tenerlo todo para disfrutar la vida, ya tienes la vida para disfrutarlo todo». Su ausencia duele, pero el haberlo tenido vale el dolor que podamos sentir al perderlo. Una parte de él jamás se perderá porque vive en nosotros. Prueba de ello es que hoy su historia esté plasmada en este libro. ¡Qué belleza y cuánto amor!

Aquí una foto del tan amado Wally:

Wally

Amor que deja huella

Un día lo único que tendremos de nuestros animales de compañía serán recuerdos. Pero la manera en que nos hicieron sentir permanecerá por siempre en nosotros.

No hay una fecha de caducidad para el duelo que estamos pasando, pero, con el tiempo, el duelo se acabará y ya estaremos en condiciones de recordar lo bueno, lo vivido, lo paseado y lo reído en lugar de todas esas escenas finales de dolor y despedida.

> **Decidí enamorarme de la vida,**
> **pues es la única que no me va**
> **a dejar sin antes hacerlo yo.**
>
> **PABLO NERUDA**

Jamás he buscado minimizar el dolor. Lo que te pasó es tan malo como crees que es. No importa lo que digan los demás:

es terrible. Lo que se perdió no puede ser restaurado y saber esto te ayudará en tu proceso. La realidad del duelo es muy diferente a lo que los demás ven desde afuera. No todo dolor podemos ahuyentarlo con porras y ánimo. No necesitamos soluciones porque esto no es un problema por resolver. Cuando estamos tristes por la pérdida de nuestro animal de compañía, necesitamos a alguien que vea nuestro dolor y lo valide, alguien que tome nuestras manos mientras contemplamos el agujero que se ha abierto en nuestra vida.

Como dice Megan Devine, afamada terapeuta norteamericana y especialista en duelo: «Algunas cosas no pueden arreglarse, solo pueden ser cargadas».

Tenemos que poder amar a pesar de que sepamos que habrá un adiós. Ese para mí es el precio del amor que, contrario a lo que se dice, no es gratis.

Cuando abrimos nuestro corazón a una mascota, firmamos un contrato emocional en el que aceptamos que nuestro tiempo juntos será limitado. Sabemos que nos romperemos en el adiós, que será el precio por haber tenido esa relación, pero aun así elegimos amar.

> **El dolor que ahora sientes es**
> **el precio del amor que diste.**
>
> **C. S. Lewis**

El amor trasciende la pérdida, es más grande que ella y, de hecho, los recuerdos son nuestra victoria por encima de la muerte. Esta nunca podrá llevarse lo vivido y lo sentido. Las emociones intensifican la vida: los vínculos con nuestras mascotas nos enseñan el amor incondicional, la paciencia y la empatía. La intensidad del dolor de la pérdida es un reflejo de la profundidad del amor compartido.

Los amamos mucho y los extrañamos mucho, pero no los extrañamos «horrible», como dicen algunos, porque extrañar es parte del amor y no del dolor. Solo se extraña lo bueno, y tenemos que aprender a verlo así.

Los animales son maestros de vivir el presente. Nos enseñan a vivir el momento, nos dan la lección del presente porque ellos no se preocupan por el futuro ni se aferran al pasado. Un perro no piensa en cuándo será su último paseo. Solo disfruta el momento, con la lengua de fuera y la felicidad en el rostro. Un gato no se cuestiona cuánto tiempo le queda contigo; simplemente se acurruca en tu regazo y ronronea, porque ese instante es suficiente.

Aprender de su manera de vivir nos ayuda a valorar cada instante a su lado; así, cuando parten, podemos recordar con más amor que dolor, bendiciendo haberlos tenido en lugar de maldecir haberlos perdido. Este duelo debe vivirse en el momento, sin saltárnoslo, evadirlo o callarlo.

Si tener un alma significa ser capaz de sentir amor, lealtad y gratitud, entonces los animales están mejor que muchos humanos.

James Herriot

Si a lo largo del libro he pedido que el duelo por la muerte de un animal de compañía tenga un lugar en la sociedad y familia como una pérdida importante, te pregunto, ¿acaso evitamos amar a familiares o amigos porque un día podríamos perderlos? No. Entonces, ¿por qué negar el amor a un animal solo porque su vida es más corta? Podemos aprender a amar, aunque duela perder.

La muerte es la parte final del ciclo de la vida y es también maestra en resiliencia. Por eso decimos que «lo que no te mata, te hace más fuerte», y nuestros «lomitos» o «bendiciones» nos enseñaron mucho acerca de la fuerza.

Cada mascota es un capítulo en nuestra historia. Que una historia termine no significa que no valga la pena haber sido escrita.

Un perro no se preocupa por las riquezas o el estatus, solo por el amor. Si tienes eso, lo tienes todo.

JOHN GROGAN (autor de *Marley y yo*)

Ojalá que, en los momentos de dolor, podamos enfocarnos en lo que ganamos y no solo en lo que hemos perdido. Sé que lo ganado no te alcanza para lo perdido; es decir, gustoso regresarías todos los aprendizajes con tal de volver a tener a tu mejor amigo contigo, pero eso es imposible y me duele igual que a ti.

Nos quedamos con una experiencia transformadora. Compartir la vida con un animal cambia nuestra forma de ver el mundo. Nos hace más empáticos, pacientes y agradecidos.

Tuvimos el regalo del amor incondicional. Las mascotas nos enseñan una forma de amor que pocos humanos pueden igualar: un amor sin expectativas, sin rencores, sin condiciones.

> **Hasta que no hayas amado a un animal, una parte de tu alma permanecerá dormida.**
>
> **ANATOLE FRANCE**

Este dolor por la ausencia y el haber perdido es una herida psicológica y emocional grave. Pero como todas las heridas, es también el principio de una cicatriz. Te invito a decirle *sí* al amor una y otra vez. A levantarte, a honrar su memoria, a darte cuenta de que su misión de estar en ti no era entristecerte, sino engrandecerte. Habremos de demostrar que lo consiguió.

Vale la pena amar a pesar del dolor, porque el amor deja huella imborrable en nuestra alma. La tristeza se disipa, pero el amor permanece.

Si alguna vez amaste y perdiste a una mascota, recuerda que la mejor forma de honrar su memoria es seguir dando amor. No porque quieras remplazarla, sino porque tu corazón fue hecho para compartir. Nadie ocupa el lugar de nadie.

> **No lloren porque se ha ido.**
> **Sonrían porque sucedió.**
>
> **DR. SEUSS**

Viktor

La doctora Elisabeth Kübler-Ross y su perro, Viktor, en su rancho Healing Waters, en Virginia, Estados Unidos, 1987. Gracias a la Fundación Elisabeth Kübler-Ross por compartirnos esta fotografía tan hermosa.
© Ken Ross

Que conste que yo no sabía que la doctora tuvo un perro san bernardo hasta después de que la mía llegó a casa. Gracias, Elisabeth, por enseñarnos tanto sobre el amor y el duelo y, sobre todo, por hablarnos del amor incondicional que aquí luces, radiante, con tu amigo perruno.

De Lara...

Quisiera cerrar este capítulo con una carta de despedida. No todos los adioses son por muerte, también hay algunas separaciones inevitables que duelen muchísimo y merecen un cierre a la altura de la relación que se ha tenido.

Lara ha sido mi animal de compañía, mi amiga y red de apoyo por los últimos casi nueve años. Su presencia en mi vida ha significado mucho para mí. Estoy frente a una inminente mudanza al extranjero y Lara es un San Bernardo que jamás ha viajado en avión; es una perrita geriátrica, muy mañosa y consentida. No puede ir conmigo a vivir a un lugar con temperaturas de 35 °C con cuatro capas de pelo. Vendré a verla y espero encontrarla aquí cuando la visite, pero necesito hacer este cierre porque, siendo congruente con mi profesión, nadie tiene (tenemos) el mañana asegurado.

Querida Lara:

Mi niña consentida y malcriada, sé que probablemente no entiendas el significado de todas mis palabras, pero sí la intención con las que las escribo. Conoces todos mis matices y mi intensidad y sabes que no paro.

He trabajado mucho y, como tú, también me estoy haciendo mayor. Veo cómo te levantas con dificultad y cómo bajas escaleras con precaución extra y pienso: «Te entiendo, compañera». Necesito mudarme a un lugar con sol y cambiar mi estilo de vida, activarme, darle fuerza a mis músculos y otra oportunidad a mis huesos. Lamentablemente me voy muy lejos de aquí y no puedo llevarte conmigo. Esto me parte el alma, y aunque sé que estarás muy bien con mis hijos, Eduardo y Bernardo, que en realidad son como tus hermanos mayores, no dejo de sentir la tristeza de que mi hogar se queda con ustedes.

Espero venir a verte pronto y deseo con todo mi corazón encontrarte bien y sana. Las dos pasaremos por un periodo de adaptación por dejar la que ha sido nuestra casa y no estar juntas, pero confío en que los mimos de tu nuevo teniente, sus cuidados y mi convicción de que este cambio es necesario y benéfico para mi salud, mitiguen el extrañarnos tanto.

Quiero darte las gracias por estos años compartidos, por enseñarme a pasear en lugar de ir solo rápidamente a algún lado. Por llevarme a parques y dejarme presumirte. Nunca en mi vida había tenido nada que realmente llamara la atención, ni mi físico, ni mi casa, ni mi auto, hasta que llegaste tú. Cuando caminábamos por la calle te gritaban «¡Beethoven!», en honor a una película de 1992 cuyo protagonista era un hermoso San Bernardo. Me sentía tan orgullosa de pasear a tu lado, parecía que la de pedigrí era yo.

Cuando terminaba de dar consulta por la noche ibas por mí junto con mi esposo y caminábamos de regreso a casa. A veces, lo hacíamos en silencio, si el día había sido duro, y otras, con euforia y pláticas, si había habido historias de resiliencia y aceptación. Tú respetaste siempre tanto mis silencios como mis parloteos.

Estoica, cariñosa y parsimoniosa. Nunca tuviste prisa, ni de cachorrita, cuando decidiste que tú no perseguías pelotas ni te interesaba ningún juguete que no tuviera galletas adentro. Las galletas y premios han sido todo un tema entre nosotras, te consentí demasiado y ¿sabes qué?, no me arrepiento. Cuando yo salía de viaje y tú también te ibas de vacaciones a un rancho de perros para convivir con tu especie y estar libre en el campo, te veía irte muy feliz, moviendo la cola y lista para irte a echar allá (nunca has sido la más activa). Me mandaban videos de otros perros jugando y corriendo, mientras que tú caminabas lento, indiferente a los demás y buscando una buena sombra para recostarte.

Mi Lara de siempre, sé que has sido feliz, que no has pasado un solo día de hambre ni de frío; que ha habido noches de incomodidad y dolor cuando te has enfermado, pero las hemos pasado juntas, conmigo acostada en el sillón de la sala para tenerte cerquita. Te han operado varias veces porque tu raza es delicada; que si de los lagrimales, de una bolita en el costado que resultó ser benigna, de varios piquetes infectados... En fin, conoces bien los consultorios médicos y el temido cono de la vergüenza que tanto odias, y que acababa con todas las paredes de mi casa dadas sus dimensiones.

Te adoro, mi niña: por ti me esforcé para tener una casa con jardín y que, finalmente, solo lo usabas de baño porque todo el tiempo querías estar adentro conmigo.

Perdóname por irme, pero siempre entendimos ambas que el verdadero amor no te ata, te hace libre, y libremente hemos elegido cada momento compartido sin frenarnos de vivir otras experiencias también.

Jamás desatendí tus alimentos, citas y cuidados. Trabajé mucho para darte una buena vida porque la tuya es una raza gigante, y así comes y requieres atención.

Has sido mi mayor locura en la vida: traerte a casa cuando vivíamos en un lugar sin patio ni jardín, porque simplemente me enamoré de ti al verte. Y sigo enamorada, agradecida y en deuda con la vida por toda la unión familiar que has traído y tantos momentos de alegría. Estás en la dedicatoria de uno de mis libros, apareces en mi blog *Lo que aún queda en el tintero,* y estarás tatuada por siempre en mi corazón. Es un privilegio enorme ser querida por ti. Te he aprendido mucho, sobre todo tu simpleza para vivir la vida y la confianza básica que me tienes. ¡Sigo sin poder creer que tus ronquidos me den paz! Sé que estarás muy bien, y yo te prometo estarlo y traerte galletas cuando venga, de seguro encontraré unas con sabor a jamón serrano.

Te amo siempre, Larita.

Entender los límites de la vida requiere de mucha madurez. Sin embargo, en esos momentos finales, cuando tenemos la agridulce fortuna de acompañar a un animal de compañía a trascender, podemos albergar varios sentimientos a la vez: *tristeza* profunda por su inminente partida, *gratitud total* por haber tenido el privilegio de cuidarlo, *emoción* de saber que su padecimiento o dolencias de vejez han terminado, *asombro* ante su templanza y capacidad de darnos paz aún en esas circunstancias, *reconocimiento* a quien ha podido sacar de nosotros la parte más tierna de nuestro temperamento, y *amor*, muchísimo amor por ese ser que vino a transformarnos y volvernos más humanos. Eso solo lo logra un animal de compañía.

Como las personas somos inusualmente longevas en comparación con el resto de las criaturas, podemos disfrutar más tiempo de vida, pero también padecemos más la partida de otros seres que pasan con mayor brevedad por la Tierra. Duele, cada despedida duele, y pareciera que se lleva un pedazo de nosotros mismos, pero también algo de ellos queda en nosotros y pervive para siempre.

> **Próxima al encuentro de la muerte con nuestros cuerpos, la calamidad más penosa para un hombre honesto es la muerte de un amigo. El consuelo de tener un amigo puede alejarse, pero no el de haberlo tenido. ¿Un hombre enterraría su amistad con su amigo?**
>
> **SÉNECA**

Los animales, al igual que las personas, necesitan un espacio emocional para partir. Si bien no queremos que lo hagan, el darles ese «permiso» los hace sentir tranquilos, porque lo que menos han querido es causarnos dolor. Dejarlos partir según sus propios tiempos, en lugar de rogarles que no se vayan (porque el amor también es egoísta), es una muestra de respeto que les hace saber que hemos entendido que no quieren dejarnos, pero que ya es su momento de irse. Sí podemos decirles que los echaremos de menos, que nos harán falta, pero con un tono de voz lleno de aceptación y tristeza, sin desgarramiento ni enojo. Siempre tendrán un lugar especial en nuestra vida y biografía. Debemos abrazarlos y sostenerlos, haciéndoles saber que no morirán del todo. Nuestros perros, gatos, conejos, caballos, hurones, pájaros, peces, reptiles, gallinas, cuyos, y los que se acumulen, pueden morir en paz: su recuerdo vivirá seguro en nuestra mente y nuestro corazón.

En sus momentos finales, los animales se dan cuenta de que su vida está por acabar y están en paz con eso. Nos dan un ejemplo increíble de aceptación y naturalidad al respecto, como si en su instinto yaciera la sabiduría del movimiento perpetuo que es la vida. Todo animal se va satisfecho, porque lo hizo bien. Y aunque entendamos que toda vida debe acabar, no deja de haber una honda nostalgia por no poder seguir juntos.

Llorar está permitido, para eso nos fueron dadas las lágrimas, como mecanismo de enfriamiento y expresión correcta del pesar. Los animales saben qué hacer con nuestras lágrimas (son grandes tanatólogos), y su presencia vuelve cálido, y no incómodo, el momento. Esa ha sido una de las grandes virtudes de nuestros animales de compañía: nunca juzgan nuestros estados de ánimo. Se marcha alguien de nuestro círculo más cercano. Para ser familia no es necesario compartir genética, sino amor.

La profundidad de su lealtad generó un vínculo sólido que nos contuvo en momentos de desesperanza. Momentáneamente, no sabemos cómo podremos seguir adelante sin esa firme red de apoyo. No queda más que confiar en que la vida hará su magia, nos lanzará redes para querer quedarnos en ella, para volver a ser felices. Y lo haremos, uno sobrevive la muerte de un ser querido porque, entre muchas cosas, es la manera de honrarlo y demostrarle que hemos aprendido lo que vino a enseñarnos.

Cada persona, cada ser que se cruza en nuestra vida, es un maestro. Inclinémonos ante ellos por sus lecciones, por su sabiduría. Si bien hemos sido sus tutores legales y los responsables de su comportamiento y cuidados, jamás hemos sido sus dueños. No podemos cosificar a un ser que nació libre y nos eligió como su humano de compañía. Nos permitió cuidarlo, admirar su belleza, fotografiarlo, vestirlo y disfrazarlo. Jugó con nosotros, se molestó, reclamó atención, protestó y se reconcilió mil veces sin falso orgullo de por medio. Descansaba con enorme paz a nuestros pies porque confiaba en nosotros, le dábamos seguridad a la vez que tarea, porque su misión era custodiar nuestro bienestar. Todo esto y más compartimos con este amigo que jamás fue nuestro, porque no era una posesión: era una bendición.

La muerte no es la enemiga, es solo parte de este ciclo inagotable que es la vida. Cumple su misión. Nacer es la apertura musical para entrar a este mundo y morir es el réquiem solemne para dejarlo al final. Una sinfonía perfecta que constituye el *soundtrack* interminable de la vida.

Estarás de acuerdo conmigo en que todo el trabajo que implica tener una mascota, la inversión emocional y económica, la enorme responsabilidad y a veces la limitación para nuestra libertad son recompensadas con creces por el amor que nos brindan.

Vale la pena, sin duda. Dejan una huella imborrable en nuestra vida.

Agradecimientos

Quiero agradecer a mi familia por su apoyo en la elaboración de este libro. Por sus ideas, su soporte técnico y también su paciencia ante el tiempo que les resto de convivencia, debido a la solitaria actividad de escribir.

A mis editores, Karina Macias, Pierre Herrera y Tamara Cuevas, que confiaron e impulsaron este proyecto cien por ciento.

A mi casa editorial, Grupo Planeta, por su confianza reiterada durante 14 años, todo un matrimonio literario.

Finalmente, a todos aquellos que compartieron sus historias de amor, porque eso son, historias de verdadero amor que no acaba ni con la muerte.

Y a ustedes, lectores, que tienen este libro ya cercano a su corazón; sin ustedes, nada.

Bibliografía recomendada

«El impacto del duelo por una mascota en la salud mental». *Rest For Pets*, recuperado el 15 de marzo de 2025, https://restforpets.com.mx/impacto-duelo-pet-salud-mental

«Perrhijos y gathijos y otras bendiciones». *Algarabía*, abril-junio 2024.

«The Genius of Dogs: Understanding Our Best Friends». *National Geographic*. Edición única, enero 2025.

Acosta, Alicia y Galí, Mercé. *Peque y yo*. Nubeocho, 2021.

Bader, Sara. *The Book of Pet Love and Loss*. Simon & Schuster, 2023.

Bravo Robles, Lucía. *¿Cómo hablar de la muerte con los niños?*, Trillas, 2016.

Canfield, Jack; Hansen, Mark Victor; Hansen, Patty y Dunlap, Irene. *Chicken Soup for the Kid's Soul*. Scholastic, 1999.

Eldredge, Debra y Bonham, Margaret. *Cancer And Your Pet: The Complete Guide to the Latest Research, Treatments, and Options*. Capital Book, 2005.

King, Barbara J. *How Animals Grieve*. The University of Chicago Press, 2014.

Kowalski, Gary. *Adiós, Toby: Cómo despedirse de tu mascota*. Trad. Esteban Rey. Plataforma Editorial, 2016.

Kroen, William C. *Cómo ayudar a los niños a afrontar la pérdida de un ser querido: un manual para adultos*. Trad. Núria Martí. Editorial Oniro, 1996.

Martínez Batalla, Elena. «Los gorilas también lloran la muerte de sus congéneres». *La Vanguardia*, 8 de abril de 2019. https://www.lavanguardia.com/natural/animaladas-videos/20190408/461458012600/gorilas-lloran-muerte-duelo-familiares.html

Molina-Valencia, Manuela y Vélez-Pabón, Sindy. *El duelo por mascota, experiencia y vivencia de los adultos ante la pérdida de su amigo de cuatro patas*. [Trabajo de grado profesional]. Universidad Cooperativa de Colombia, Medellín, Colombia, 2023. https://repository.ucc.edu.co/server/api/core/bitstreams/a647a717-f88f-4cf4-a6a1-c979a47f2ad5/content

Montague, Ernest. «Los perros nunca mueren, duermen junto a tu corazón» (trad.). *Sr. Perro*, 31 de octubre de 2010. https://www.srperro.com/consejos/curiosidades/los-perros-nunca-mueren-duermen-junto-a-tu-corazon

Newman, Nanette. *That Dog!* Brubaker, Ford & Friends, 2013.

Porter, Amy; Eckardt, Winnie; Vecellio, Veronica; Guschanski, Katerina; Niehoff, Peter Philip; Ngobobo-As-Ibungu, Urbain; Nishuli Pekeyake, Radar; Stoinski, Tara y Caillaud, Damien «Behavioral responses around conspecific corpses in adult eastern gorillas (*Gorilla beringei spp.*)». *PeerJ*, 2019. 7:e6655. https://doi.org/10.7717/peerj.6655

Rojas, Dulce María. *¿Y cómo se lo digo si es solo un niño?* Edufam, 2006.

Segal, Jeanne y Robinson, Lawrence «Cómo afrontar la pérdida de una mascota». *Help Guide*, 19 de febrero de 2024. https://www.helpguide.org/es/perdida-y-duelo/como-afrontar-la-perdida-de-una-mascota

Vicent, Gabrielle. *Un día, un perro.* Zendera Zariquiey, 2004.

Walker, Kaetheryn. *The Heart That Is Loved Never Forgets.* Healing Art Press, 1999.

Wilhelm, Hans. *Yo siempre te querré.* Editorial Juventud, 1989.

Wolfelt, Alan D. *When Your Soulmate Dies: A Guide to Healing Through Heroic Mourning.* Companion Press, 2016.